차례

한자 쓰는 순서

한자를 쓸 때 한 획은 한 번에 쓰는 점이나 선을 말하며, 한자의 획을 긋는 순서를 '필순' 또는 '획순'이라고 합니다. 한자의 획을 순서에 맞게 써야 글자를 균형 있게 쓸 수 있고, 글자의 구성도 쉽게 파악할 수 있습니다. 일반적으로 한자의 필순은 아래와 같은 원칙을 따릅니다.

1 위에서 아래로 쓴다.

言 ▶ 亠 亠 亠 言 言 言 言

工 ▶ 一 丅 工

客 ▶ 丶 丷 宀 宀 灾 安 客 客 客

2 왼쪽에서 오른쪽으로 쓴다.

川 ▶ 丿 川 川

江 ▶ 丶 氵 氵 汀 汀 江

休 ▶ 丿 亻 仁 什 休 休

3 가로획과 세로획이 겹칠 때는 가로획을 먼저 쓴다.

十 ▶ 一 十

木 ▶ 一 十 才 木

共 ▶ 一 十 廾 廾 共 共

4 좌우가 대칭될 때는 가운데를 먼저 쓴다.

水 ▶ 亅 才 水 水

小 ▶ 亅 小 小

山 ▶ 丨 山 山

5 둘러싼 모양의 글자는 바깥쪽을 먼저 쓴다.
단, 口가 둘러싼 글자는 아래 가로획을 나중에 쓴다.

同 ▶ 丨 冂 冂 同 同 同

問 ▶ 丨 𠃍 门 門 門 門 門 門 問 問 問

固 ▶ 丨 冂 冂 円 円 固 固 固

6 글자의 허리를 끊는 획은 나중에 쓴다.

母 ▶ 乚 口 母 母 母

丹 ▶ 丿 刀 月 丹

子 ▶ 乛 了 子

교육용

기초 한자 1800字 쓰기 노트

이미선 편저

국어 어휘력과 문해력을 키우는 필수 한자!

미래지식

머리말

한자 문화권에 속해 있는 우리나라는 일상생활 전반에서 한자 교육에 대한 필요성이 점점 커지고 있습니다. 그 필요성에 대해 여러 학자들이 찬반의 목소리를 내고 있지만, 한자어는 우리가 사용하고 있는 말의 70% 이상을 차지하고 있습니다. 이와 더불어 한자는 우리 문화 깊이 녹아 있는 일부이기에 그 중요성을 간과할 수 없습니다. 실제 교육 일선에서는 교육용 한자 1800자만 익혀도 기초 학습 역량과 일상 언어생활에 어려움이 없다고 입을 모아 이야기합니다. 교육부는 지난 1972년 처음 교육용 기초 한자를 제정했고, 이후 수정을 거쳐 2000년 '한문 교육용 기초 한자 1800자'를 발표했습니다.

이 책은 교육부가 2000년에 개정 공표한 기초 한자 1800자를 수록했습니다. 개정안으로 추가되고 제외된 내용을 완벽 반영했습니다. 본문은 한자 1800자를 두 음절의 단어로 만들어 효율적으로 학습할 수 있습니다. 하루에 4개 단어씩 꾸준히 따라 쓸 수 있도록 구성했으며, 쓰기 란을 넉넉하게 마련했습니다. 관련 어휘도 함께 소개하여 어휘력을 기르는 데 도움이 됩니다. 동음이의어가 많은 한국어의 특성상 단어마다 간략하게 뜻풀이를 하여 이해를 도왔습니다.

부록으로 '1800자 한눈에 찾아보기'를 실어 기초 한자를 구성하는 중학 한자 900자와 고등 한자 900자의 음훈을 각각 밝히고, 색깔 글자로 구별해 쉽게 찾아볼 수 있습니다. 이 책이 여러분의 한자 학습 역량을 키우고 좀 더 다양한 어휘의 맛을 알게 하는 데 도움이 되길 바랍니다.

7 글자의 가운데를 꿰뚫는 획은 나중에 쓴다.

中 ▶ 丨 冂 口 中

甲 ▶ 丨 冂 日 日 甲

事 ▶ 一 ㄧ 戸 戸 写 写 写 事

8 삐침(丿)과 파임(㇏)이 만날 때는 삐침을 먼저 쓴다.

人 ▶ 丿 人

父 ▶ ㇀ 八 父 父

文 ▶ ˋ 亠 ナ 文

9 오른쪽 위에 점이 있는 글자는 그 점을 나중에 찍는다.

犬 ▶ 一 ナ 大 犬

求 ▶ 一 十 寸 才 求 求 求

伐 ▶ 丿 亻 仁 代 伐 伐

10 받침(辶, 廴)은 나중에 쓴다.

近 ▶ 一 厂 斤 斤 沂 沂 沂 近

遠 ▶ 一 十 土 吉 吉 吉 声 声 声 袁 袁 遠 遠 遠 遠

廷 ▶ 一 二 千 壬 廷 廷 廷

11 받침 중에 走, 是 등 독립된 글자는 받침을 먼저 쓴다.

起 ▶ 一 十 土 丰 丰 走 走 起 起 起

題 ▶ 口 日 旦 早 是 是 是 是 題 題 題 題

12 다음 한자는 두 가지 경우로 쓴다.

癶 ❶ ㇇ ヲ ヲ ヲ 癶
❷ ㇇ ヲ 癶 癶

王 ❶ 一 丁 干 王
❷ 一 二 干 王

靑 ❶ 一 二 丰 主 靑
❷ 一 十 丰 主 靑

일러두기

1. 이 책은 교육부가 2000년에 개정 공표한 '한문 교육용 기초 한자 1800자'를 수록했다.
2. 기초 한자 1800자를 활용하기 쉽게 두 음절의 단어로 만들고, ㄱㄴ순으로 배열했다.
3. 두 음절 단어를 만들면서 필요에 따라 중복해서 쓰인 한자도 있다.
4. 한자어의 뜻풀이와 표준어 규정은 〈국립국어원 표준국어대사전〉을 기본으로 따랐다.
5. 한자의 음(독음)이 여러 개인 경우, 본문에서는 대표적인 음을 적고 부록에서 모두 밝혀 실었다.
6. 부록으로 '1800자 한눈에 찾아보기'에는 중학용 한자 900자와 고등학교용 900자의 음훈을 밝히고, 색깔 글자로 구별해 실어 쉽게 찾아볼 수 있다.

_____월 _____일

加 더할 가	減 덜 감

가감
더하거나 빼는 일

加 減

ㄱ 力 加 加 加
氵 氵 氵 氵 氵 氵 減 減 減

增加(증가)
양이나 수치가 늚
減少(감소)
양이나 수치가 줆

可 옳을 가	能 능할 능

가능
할 수 있거나
될 수 있음

可 能

一 丁 可 可 可
厶 厶 自 自 自 自 能 能 能

不可(불가)
가능하지 않음
能力(능력)
일을 감당해 낼 수 있는 힘

街 거리 가	路 길 로

가로
시가지의 넓은 도로

街 路

彳 彳 彳 彳 彳 往 往 往 街
⻊ ⻊ ⻊ ⻊ 政 路 路 路 路

商街(상가)
상점들이 죽 늘어서 있는 거리
進路(진로)
앞으로 나아갈 길

假 거짓 가	想 생각 상

가상
사실이라고
가정해 생각함

假 想

亻 亻 亻 亻 亻 亻 亻 假 假
木 相 相 相 相 相 想 想 想

假飾(가식)
말이나 행동을 거짓으로 꾸밈
想像(상상)
마음속으로 그려 봄

_____월 _____일

歌	謠	佳	作	家	庭	價	値
노래 가	노래 요	아름다울 가	지을 작	집 가	뜰 정	값 가	값 치

가요
널리 대중이
즐겨 부르는 노래

가작
매우 뛰어난 작품

가정
한 가족의 집

가치
사물이
지니고 있는 쓸모

歌	謠	佳	作	家	庭	價	値

歌曲(가곡)
우리나라 전통 성악곡의 하나
童謠(동요)
동심을 바탕으로 지은 노래

佳約(가약)
부부가 되자는 약속
始作(시작)
처음 단계를 이룸

家族(가족)
친족 관계에 있는 사람들
庭園(정원)
집 안에 있는 뜰이나 꽃밭

評價(평가)
가치나 수준을 평함
數値(수치)
계산해 얻은 값

_______월 _______일

閣	僚	覺	悟	各	種	角	逐
집 각	동료 료	깨달을 각	깨달을 오	각각 각	씨 종	뿔 각	쫓을 축

각료
내각의 장관

閣 僚

丨 𠃌 門 門 閂 閔 閣 閣 閣
亻 伫 伙 俠 倈 倈 倞 僚 僚

樓閣(누각)
문과 벽이 없이 높이 지은 집
同僚(동료)
함께 일하는 사람

각오
해야 할 일에 대한
마음의 준비

覺 悟

覺 覺 覺 覺 覺 覺 覺 覺 覺
忄 忄 忄 忊 忏 悟 悟 悟 悟

覺醒(각성)
깨어 정신을 차림
悔悟(회오)
잘못을 뉘우치고 깨달음

각종
온갖 종류

各 種

ノ ク 夂 夂 各 各
禾 禾 禾 秆 秆 秳 種 種 種

各別(각별)
마음가짐이 유달리 특별함
種類(종류)
사물의 부문을 나누는 갈래

각축
서로 이기려고
다투며 덤벼듦

角 逐

ノ ク 角 角 角 角 角
豕 豕 豕 豕 豕 豕 豖 逐 逐

角度(각도)
각의 크기
逐出(축출)
쫓아내거나 몰아냄

_____월 _____일

簡	單
대쪽 간	홑 단

간단
단순하고 간략함

簡 單

簡潔(간결)
간단하고 깔끔함
單純(단순)
복잡하지 않고 간단함

肝	炎
간 간	불꽃 염

간염
간에 생기는 염증

肝 炎

肝膽(간담)
간과 쓸개
暴炎(폭염)
매우 심한 더위

懇	切
간절할 간	끊을 절

간절
정성스럽고 지극함

懇 切

懇請(간청)
간절히 청함
切斷(절단)
자르거나 베어서 끊음

干	潮
방패 간	밀물 조

간조
해수면이 가장
낮아진 상태

干 潮

干涉(간섭)
남의 일에 참견함
滿潮(만조)
해수면이 가장 높아진 상태

______월 ______일

看 護
볼 간 / 도울 호

간호
보살피고 돌봄

看 護

看過(간과)
큰 관심 없이 대강 보아 넘김
辯護(변호)
피고인의 이익을 옹호하는 일

感 覺
느낄 감 / 깨달을 각

감각
어떤 자극을
알아차림

感 覺

感謝(감사)
고마움을 나타내는 인사
味覺(미각)
맛을 느끼는 감각

監 督
볼 감 / 감독할 독

감독
일이나 사람 등을
살피어 단속함

監 督

監察(감찰)
감독해서 살핌
督勵(독려)
감독하며 격려함

鑑 賞
거울 감 / 상줄 상

감상
예술 작품을
즐기고 평가함

鑑 賞

印鑑(인감)
미리 신고해 둔 도장
賞狀(상장)
상을 주는 뜻을 표하는 증서

___월 ___일

甘 酒
甘 달 감 / 酒 술 주

감주
식혜처럼 삭혀서 끓인 음식

甘 酒

一 十 廾 甘 甘
丶 氵 氵 汀 沂 洒 洒 酒 酒

甘美(감미)
달콤해서 맛이 좋음
飮酒(음주)
술을 마심

減 縮
減 덜 감 / 縮 줄일 축

감축
덜어서 줄임

減 縮

氵 氵 汇 汇 洉 洉 減 減 減
纟 糹 紵 紵 紵 紵 縮 縮 縮

減殺(감쇄)
줄어 없어짐
縮小(축소)
모양이나 규모를 줄여서 작게 함

甲 富
甲 갑옷 갑 / 富 부유할 부

갑부
첫째가는 큰 부자

甲 富

丨 冂 日 日 甲
宀 宀 宀 官 富 富 富 富 富

鐵甲(철갑)
쇠로 둘러씌운 것
富裕(부유)
재물이 넉넉함

強 姦
強 강할 강 / 姦 간음할 간

강간
폭행 또는 협박해서 간음함

強 姦

弓 弓 弓 弓 弓 弘 弘 弶 強
く 女 女 女 女 女 姦 姦 姦

強行(강행)
어려운 점을 무릅쓰고 행함
相姦(상간)
남녀가 도리를 어겨 정을 통함

_____월 _____일

講 외울 강	堂 집 당	降 내릴 강	等 무리 등	剛 굳셀 강	直 곧을 직	鋼 강철 강	鐵 쇠 철

강당
강연, 강의를 할 때 쓰는 건물

강등
등급이나 계급이 낮아짐

강직
마음이 꼿꼿하고 곧음

강철
무쇠를 녹여 단단하게 만든 쇠

講 堂 降 等 剛 直 鋼 鐵

講義(강의) 체계적으로 설명해서 가르침
食堂(식당) 식사를 위한 장소

下降(하강) 아래로 향해 내려옴
平等(평등) 차별 없이 고르고 한결같음

剛烈(강렬) 강하고 세참
正直(정직) 거짓이 없이 바르고 곧음

製鋼(제강) 강철을 만듦
鐵絲(철사) 쇠로 만든 가는 줄

皆	勤
다 개	부지런할 근

개근
하루도 빠짐없이
출석하거나 출근함

皆 勤

一 ト ト- 比 比 比 皆 皆 皆
艹 艹 苎 苎 菫 菫 菫 勤 勤

皆旣(개기)
다른 천체에 완전히 가려지는 현상
勤勉(근면)
부지런히 일하며 힘씀

個	別
낱 개	나눌 별

개별
하나씩 따로
나뉘어 있는 상태

個 別

ノ 亻 们 們 們 佣 個 個 個
丨 冂 口 另 另 別 別

個性(개성)
구별되는 고유의 특성
特別(특별)
보통과 구별되게 다름

改	善
고칠 개	착할 선

개선
고쳐서 더 좋게 만듦

改 善

ㄱ ㅋ 己 己' 己' 改 改
䒑 䒑 兰 羊 善 善 善 善

改革(개혁)
새롭게 뜯어고침
最善(최선)
가장 좋고 훌륭함

介	入
낄 개	들 입

개입
관계가 없는 일에
끼어듦

介 入

ノ 人 介 介
ノ 入

紹介(소개)
양편의 일이 진행되게 주선함
沒入(몰입)
깊이 파고들거나 빠짐

______월 ______일

開 拓
열 개 / 넓힐 척

개척
거친 땅을 일구어
논, 밭을 만듦

展開(전개)
열리어 나타남
干拓(간척)
물을 빼내어 육지로 만듦

慨 歎
슬퍼할 개 / 탄식할 탄

개탄
분하게 여겨 탄식함

感慨(감개)
감동이 마음 깊이에서 배어 나옴
歎息(탄식)
한탄해서 한숨을 쉼

距 離
떨어질 거 / 떠날 리

거리
공간적으로
떨어진 길이

距躍(거약)
뛰어오르거나 뛰어넘음
離別(이별)
서로 갈리어 떨어짐

巨 額
클 거 / 이마 액

거액
아주 많은 액수의 돈

巨人(거인)
몸이 아주 큰 사람
殘額(잔액)
나머지 액수

_____월 _____일

居 處
살 거 곳 처

거처
정해 두고
항상 있는 곳

居 處

ㄱ ㅋ 尸 尸 尸 尻 居 居
ㅏ ㅑ 广 户 虍 虍 虔 處 處

同居(동거)
한집이나 한방에서 같이 삶
傷處(상처)
부상을 입은 자리

健 康
굳셀 건 편안 강

건강
정신적으로나
육체적으로 튼튼함

健 康

亻 亻 亻 亻 亻 俳 俳 健 健
亠 广 户 庐 庐 庐 庚 康 康

剛健(강건)
의지나 기상이 굳세고 건전함
康寧(강녕)
몸이 건강하고 마음이 편안함

乾 坤
하늘 건 땅 곤

건곤
하늘과 땅

乾 坤

十 古 古 古 直 卓 卓 卓 乾
一 十 土 圠 圸 坦 坦 坤

乾燥(건조)
말라서 습기가 없음
坤位(곤위)
여자의 신주나 위패 또는 무덤

建 築
세울 건 쌓을 축

건축
집이나 성, 다리 등을
만드는 일

建 築

ㄱ ㅋ ㅋ ㅋ 聿 聿 肂 建 建
⺮ 竹 竺 竺 筑 築 築 築 築

建物(건물)
사람의 손으로 지은 집
築臺(축대)
높이 쌓아 올린 대나 터

_____월 _____일

劍	術
칼 검	재주 술

검술
검을 가지고 싸우는 기술

劍 術

劍道(검도) 운동 경기 중 하나
技術(기술) 만들거나 짓거나 하는 재주

檢	討
검사할 검	칠 토

검토
내용을 분석해서 따짐

檢 討

檢索(검색) 필요한 자료를 찾아내는 일
討議(토의) 검토하고 협의함

激	烈
격할 격	매울 렬

격렬
말이나 행동이 세차고 사나움

激 烈

感激(감격) 크게 감동함
猛烈(맹렬) 기세가 몹시 사납고 세참

隔	差
사이 뜰 격	다를 차

격차
수준의 차이

隔 差

隔離(격리) 멀리 떨어지게 함
差異(차이) 서로 같지 않고 다름

_____ 월 _____ 일

擊破

擊 칠 격 | 破 깨뜨릴 파

격파
단단한 물체를 손이나 발로 쳐서 깨뜨림

擊 破

衝擊(충격)
물체에 급격히 가해지는 힘
破壞(파괴)
때려 부수어 헐어 버림

堅固

堅 굳을 견 | 固 굳을 고

견고
굳고 단단함

堅 固

堅實(견실)
믿음직스럽게 굳고 착실함
固辭(고사)
굳이 사양함

見聞

見 볼 견 | 聞 들을 문

견문
보고 들음

見 聞

發見(발견)
알려지지 않은 것을 찾아냄
所聞(소문)
전해서 들리는 말

絹絲

絹 비단 견 | 絲 실 사

견사
비단을 짜는 명주실

絹 絲

絹織(견직)
명주실로 짠 피륙
綿絲(면사)
솜에서 자아낸 실

_____월 _____일

牽 引
이끌 견 / 끌 인

견인
끌어서 당김

牽 引

亠 玄 玄 玄 牽 牽 牽 牽 牽
ㄱ ㅋ 弓 引

牽制(견제) 세력을 펴지 못하게 억누름
割引(할인) 일정한 값에서 얼마를 뺌

肩 章
어깨 견 / 글 장

견장
직위나 계급을 밝히는 표장

肩 章

一 ㅋ ㅋ 戶 戶 肩 肩 肩
亠 立 立 产 音 音 音 音 章

比肩(비견) 서로 비슷한 위치에서 견줌
文章(문장) 완결된 내용을 나타내는 최소 단위

決 裂
결단할 결 / 찢을 렬

결렬
의견이 합쳐지지 않아 갈라섬

決 裂

丶 冫 氵 汀 氵 沪 決
歹 列 列 列 烈 裂 裂 裂 裂

決斷(결단) 결정해서 단정 지음
分裂(분열) 찢어져 나뉨

缺 陷
이지러질 결 / 빠질 함

결함
흠이 되는 부분

缺 陷

ㅗ ㅡ 午 缶 缶 缶 缶 缺 缺
阝 阝 阝 阝 阝 阝 陷 陷 陷

缺席(결석) 나가야 할 자리에 나가지 않음
陷沒(함몰) 물속이나 땅속에 빠짐

_____월 _____일

結	核
맺을 **결**	씨 **핵**

결핵
결핵균으로 인해 생기는 만성 전염병

謙	讓
겸손할 **겸**	사양할 **양**

겸양
겸손한 태도로 사양함

兼	職
겸할 **겸**	직분 **직**

겸직
두 가지 이상의 직무를 겸함

警	告
깨우칠 **경**	고할 **고**

경고
미리 주의를 줌

結婚(결혼)
남녀가 부부 관계를 맺음
核心(핵심)
사물의 가장 중심이 되는 부분

謙虛(겸허)
겸손하게 자기를 낮춤
讓步(양보)
사양하고 남에게 미루어 줌

兼備(겸비)
두 가지 이상을 아울러 갖춤
辭職(사직)
맡은 직무를 내놓고 물러남

警察(경찰)
경찰 공무원
勸告(권고)
어떤 일을 하도록 권함

_____월 _____일

硬 球

굳을 **경** 공 **구**

경구
조금 딱딱한 공

硬 球

硬化(경화)
단단하게 굳어짐
地球(지구)
인류가 사는 천체

京 畿

서울 **경** 경기 **기**

경기
경기도의 준말

京 畿

上京(상경)
지방에서 서울로 감
畿察(기찰)
조선 시대의 경기도 관찰사

競 技

다툴 **경** 재주 **기**

경기
기량과 기술을 겨룸

競 技

競馬(경마)
말을 타고 달려 겨루는 경기
演技(연기)
배우가 배역을 표현해 내는 일

傾 斜

기울 **경** 비낄 **사**

경사
비스듬히 기울어짐

傾 斜

傾聽(경청)
귀를 기울여 들음
斜線(사선)
비스듬히 그은 줄

____월 ____일

卿 相
벼슬 경 / 서로 상

경상
벼슬아치 중 하나

卿 相

樞機卿(추기경)
교황 다음가는 성직
樣相(양상)
사물이나 현상의 모양이나 상태

輕 率
가벼울 경 / 거느릴 솔

경솔
말이나 행동이
조심성 없이 가벼움

輕 率

輕重(경중)
가벼움과 무거움
率直(솔직)
거짓이 없이 바르고 곧음

驚 異
놀랄 경 / 다를 이

경이
놀랍고 신기하게 여김

驚 異

驚愕(경악)
소스라치게 깜짝 놀람
差異(차이)
서로 같지 않고 다름

庚 寅
별 경 / 범 인

경인
육십갑자의 스물일곱째

庚 寅

庚時(경시)
오후 4시 30분부터 5시 30분까지
寅方(인방)
24방위의 하나

_______월 _______일

經 濟
지날 경 / 건널 제

경제
재화나 용역을 생산, 분배, 소비하는 활동

經 濟

幺 糹 糽 紅 絅 經 經 經 經
氵 氵 汶 济 浐 淶 濟 濟 濟

經驗(경험)
실제로 해 보거나 겪어 봄
救濟(구제)
어려운 사람을 도와줌

慶 弔
경사 경 / 조상할 조

경조
기쁜 일과 궂은 일

慶 弔

广 户 声 声 庶 廌 廖 慶 慶
ㄱ ㅋ 弓 弔

慶事(경사)
축하할 만한 기쁜 일
弔意(조의)
남의 죽음을 슬퍼하는 뜻

階 段
섬돌 계 / 층계 단

계단
건물이나 비탈에 만든 층층대

階 段

阝 阝 阡 阰 阱 阱 階 階 階
一 ſ ƒ ƒ ƒ 𠃊 段 段 段

段階(단계)
차례를 따라 나아가는 과정
手段(수단)
목적을 이루기 위한 방법

鷄 卵
닭 계 / 알 란

계란
달걀

鷄 卵

爫 爫 奚 奚 奚 鄈 鄈 鷄 鷄
一 ㄷ 乒 卯 卯 卯 卵

養鷄(양계)
닭을 기르는 일
産卵(산란)
알을 낳음

_______월 _______일

計 略
셀 계 · 간략할 략

계략
꾀나 수단

計 略

計算(계산)
수를 헤아림
戰略(전략)
사회적 활동에 필요한 책략

啓 蒙
열 계 · 어두울 몽

계몽
가르쳐서 깨우침

啓 蒙

啓發(계발)
슬기나 재능을 일깨워 줌
蒙昧(몽매)
어리석고 사리에 어두움

繼 承
이을 계 · 이을 승

계승
전통이나 문화유산을 이어 나감

繼 承

繼走(계주)
배턴을 주고받는 육상 경기
承認(승인)
마땅하다고 받아들임

契 約
맺을 계 · 맺을 약

계약
서로 지켜야 할 의무에 대한 약속

契 約

契機(계기)
결정적인 원인이나 기회
約束(약속)
앞으로의 일을 미리 정해 둠

_____월 _____일

季	節
계절 계	마디 절

계절
자연 현상에 따라서 일 년을 구분한 것

季 節

一 二 千 禾 禾 季 季 季
⺮ 竹 竹 竹 笞 笞 節 節 節

四季(사계) 봄, 여름, 가을, 겨울의 네 철
名節(명절) 해마다 즐기거나 기념하는 때

癸	丑
북방 계	소 축

계축
육십갑자의 쉰째

癸 丑

フ ヲ ヲ' ヲ'' 癶 癶 癶 癸 癸
㇆ 刀 丑 丑

癸亥(계해) 육십갑자의 마지막인 예순째
黑丑(흑축) 붉은 나팔꽃의 씨

系	統
이을 계	거느릴 통

계통
일정한 차례에 따라 이어져 있는 것

系 統

一 ㄱ 丆 玄 至 系 系
纟 糹 糸 糹' 紅 紅 紘 統 統

體系(체계) 부분이 짜임새 있게 통일된 전체
傳統(전통) 전해 내려오는 관습 등의 양식

桂	皮
계수나무 계	가죽 피

계피
계수나무 껍질

桂 皮

十 木 木 木' 朩 杆 桂 桂 桂
丿 厂 广 皮 皮

桂坊(계방) 동궁이 있던 곳
脫皮(탈피) 허물이나 껍질을 벗음

_____월 _____일

考 생각할 고	慮 생각할 려	枯 마를 고	木 나무 목	古 옛 고	墳 무덤 분	姑 시어머니 고	捨 버릴 사
고려 생각하고 헤아려 봄		**고목** 마른 나무		**고분** 고대에 만들어진 무덤		**고사** 말할 것도 없고	
考	慮	枯	木	古	墳	姑	捨

一 十 土 耂 耂 考
广 广 虍 虍 虍 虍 慮 慮 慮

一 十 才 木 木 朩 杜 朩 枯 枯
一 十 才 木

一 十 十 古 古
扌 扌 扌 扌 扌 墳 墳 墳 墳

ㄑ 女 女 女 女 女 姑 姑
扌 扌 扌 扌 扌 扌 扌 捨 捨

思考(사고) 생각하고 궁리함
配慮(배려) 도와주려고 마음을 씀

枯渴(고갈) 물이 말라서 없어짐
灌木(관목) 키가 작은 떨기나무

古代(고대) 원시 시대와 중세 사이의 시대
封墳(봉분) 흙을 쌓아 올려 무덤을 만듦

姑母(고모) 아버지의 누이
取捨(취사) 쓸 것은 쓰고 버릴 것은 버림

高 尙
높을 고 · 오히려 상

고상
품위나 몸가짐의 수준이 높고 훌륭함

最高(최고)
가장 높음
崇尙(숭상)
높여 소중히 여김

孤 寂
외로울 고 · 고요할 적

고적
외롭고 쓸쓸함

孤獨(고독)
매우 외롭고 쓸쓸함
寂寞(적막)
고요하고 쓸쓸함

鼓 吹
북 고 · 불 취

고취
북을 치고 피리를 붊

鼓舞(고무)
힘을 내도록 용기를 북돋움
吹打(취타)
관악기를 불고 타악기를 침

故 鄕
연고 고 · 시골 향

고향
태어나서 자란 곳

事故(사고)
뜻밖에 일어난 불행한 일
鄕愁(향수)
고향을 그리워하는 마음

_____월 _____일

哭泣
哭 울 곡 · 泣 울 읍

곡읍
소리 내어 슬피 욺

哭 泣

口 口 吅 吅 吅 吅 哭 哭 哭
丶 冫 氵 氵 氵 氵 泣 泣

痛哭(통곡)
소리를 높여 슬피 욺
泣訴(읍소)
눈물을 흘리며 간절히 하소연함

困難
困 곤할 곤 · 難 어려울 난

곤란
사정이 몹시
딱하고 어려움

困 難

丨 冂 冃 冃 囗 困 困
艹 艹 苩 茣 莫 莫 難 難 難

疲困(피곤)
몸이나 마음이 지치어 고달픔
非難(비난)
남의 잘못을 책잡아서 나쁘게 말함

骨組
骨 뼈 골 · 組 짤 조

골조
건물의 뼈대

骨 組

冂 冂 冎 冎 冎 骨 骨 骨 骨
纟 纟 糸 糸 糹 組 組 組 組

骨折(골절)
뼈가 부러짐
組立(조립)
여러 부품을 하나로 짜 맞춤

恭敬
恭 공손할 공 · 敬 공경 경

공경
공손히 받들어 모심

恭 敬

艹 艹 共 共 恭 恭 恭 恭
艹 艹 芍 芍 苟 苟 敬 敬 敬

恭遜(공손)
겸손하고 예의 바름
尊敬(존경)
남의 인격을 받들어 공경함

_____월 _____일

恐 두려울 공	龍 용 룡	公 공평할 공	募 모을 모	空 빌 공	輸 보낼 수	共 한가지 공	有 있을 유

공룡
거대한 파충류를 통틀어 이르는 말

恐 龍

ㅜ ェ 刀 巩 巩 巩 恐 恐 恐
立 音 育 育 育 龍 龍 龍 龍

恐怖(공포) 무서움과 두려움
雙龍(쌍룡) 한 쌍의 용

공모
널리 공개해 모집함

公 募

ノ 八 公 公
艹 艹 苩 苩 莫 莫 莫 募 募

公園(공원) 정원, 유원지 등의 사회 시설
募集(모집) 일정한 조건 아래 널리 알려 모음

공수
'항공 수송'의 준말

空 輸

' 八 宀 穴 穴 空 空 空
亘 車 軩 軩 軩 輸 輸 輸 輸

空氣(공기) 무색, 무취의 투명한 기체
輸出(수출) 외국으로 팔아 내보냄

공유
공동으로 소유함

共 有

一 十 卄 廾 共 共
ノ ナ 𠂇 冇 有 有

共同(공동) 여러 사람이 같은 자격을 가짐
所有(소유) 가지고 있음. 또는 그 물건

工	場	貢	獻	寡	默	誇	示
장인 **공**	마당 **장**	바칠 **공**	드릴 **헌**	적을 **과**	잠잠할 **묵**	자랑할 **과**	보일 **시**

공장
물건을 만들어 내는 시설

공헌
힘써 이바지함

과묵
말이 적고 침착함

과시
자랑해 보임

工 場 貢 獻 寡 默 誇 示

一 丅 工
土 圠 坦 坦 坦 埸 場 場 場

一 丅 干 干 吞 吞 盲 貢 貢
卢 庐 唐 膚 膚 膚 膚 獻 獻

宀 宀 宀 宀 宵 宣 寘 寡 寡
冂 冂 里 里 里 黒 黙 默 默

言 言 言 訁 訡 訡 詐 誇 誇
一 二 亍 亍 示

工程(공정)
일이 진척되는 과정이나 정도
市場(시장)
상품을 사고파는 일정한 장소

貢物(공물)
조정에 바치는 물건
獻身(헌신)
몸과 마음을 바쳐 힘을 다함

寡人(과인)
임금이 자기를 낮추어 이르던 말
沈默(침묵)
말없이 잠잠히 있음

誇張(과장)
지나치게 불려서 나타냄
示唆(시사)
미리 암시해 일러줌

_____월 _____일

過 程

過 지날 **과** | 程 한도 **정**

과정
일이 되어 가는 경로

過 程

過去(과거)
이미 지나간 때
旅程(여정)
여행의 과정이나 일정

課 題

課 공부할 **과** | 題 제목 **제**

과제
처리하거나
해결해야 할 문제

課 題

課稅(과세)
세금을 매김
問題(문제)
해답을 요구하는 물음

關 係

關 관계할 **관** | 係 맬 **계**

관계
서로 관련이 있음

關 係

關心(관심)
마음이 끌려 주의를 기울임
係長(계장)
계 단위 조직을 감독하는 직책

貫 祿

貫 꿸 **관** | 祿 녹 **록**

관록
경력으로 생긴
위엄이나 권위

貫 祿

貫徹(관철)
목적을 기어이 이룸
祿俸(녹봉)
벼슬아치에게 나누어 주던 금품

_____월 _____일

官 吏
官 벼슬 관 / 吏 벼슬아치 리

관리
관직에 있는 사람

官 吏

丶 宀 宀 宀 宁 宁 官 官
一 𠃌 口 口 吏 吏

官廳(관청)
국가의 사무를 집행하는 국가 기관
胥吏(서리)
말단 행정 실무에 종사하던 관리

慣 習
慣 익숙할 관 / 習 익힐 습

관습
지켜 온 질서나 풍습

慣 習

忄 忄 忄 忄 忄 忄 慣 慣 慣
丁 刁 羽 羽 羽 習 習 習 習

習慣(습관)
되풀이함으로써 익고 굳어진 행동
復習(복습)
배운 것을 다시 익혀 공부함

冠 飾
冠 갓 관 / 飾 꾸밀 식

관식
관(冠)을 꾸미는 데
쓰던 물건

冠 飾

冖 冖 冖 冖 冖 冠 冠 冠 冠
𠆢 今 食 食 食 飠 飾 飾 飾

王冠(왕관)
임금이 머리에 쓰는 관
裝飾(장식)
액세서리 등으로 치장함

寬 容
寬 너그러울 관 / 容 얼굴 용

관용
너그럽게 받아들이거나
용서함

寬 容

宀 宀 宀 宀 宀 宀 寬 寬 寬
丶 宀 宀 宀 宀 宀 容 容 容

寬大(관대)
마음이 너그럽고 큼
容貌(용모)
사람의 얼굴 모양

____월 ____일

狂	氣
미칠 광	기운 기

광기
미친 듯한 기미

狂風(광풍) 미친 듯이 사납게 부는 바람
氣分(기분) 유쾌함이나 불쾌함 등의 감정

鑛	脈
쇳돌 광	줄기 맥

광맥
광물의 줄기

鑛物(광물) 천연으로 땅속에 있는 물질
山脈(산맥) 산봉우리가 길게 있는 지형

廣	野
넓을 광	들 야

광야
텅 비고 아득히 넓은 들

廣告(광고) 세상에 널리 알림
與野(여야) 여당과 야당

光	輝
빛 광	빛날 휘

광휘
아름답게 번쩍이는 빛

光明(광명) 밝고 환함. 밝고 환한 빛
輝煌(휘황) 광채가 나서 눈부시게 번쩍임

월 일

掛	念
걸 괘	생각 념

괘념
마음에 두고 잊지 않음

掛 念

一 扌 扌 扌 挂 挂 挂 掛 掛
人 亼 今 今 念 念 念

掛鐘(괘종)
시간마다 종이 울리는 시계
諦念(체념)
희망을 버리고 아주 단념함

橋	脚
다리 교	다리 각

교각
다리를 받치는 기둥

橋 脚

木 杧 杧 栎 栎 栎 槗 橋 橋
月 月 肚 肚 肚 脚 脚 脚 脚

架橋(가교)
다리를 놓음
脚光(각광)
사회적 관심이나 흥미

矯	導
바로잡을 교	인도할 도

교도
바로잡아 인도함

矯 導

矢 矢 矢 矫 矫 矯 矯 矯 矯
丷 首 首 首 道 道 道 導 導

矯正(교정)
틀어지거나 잘못된 것을 바로잡음
指導(지도)
남을 가르쳐 이끎

巧	妙
공교할 교	묘할 묘

교묘
약삭빠르고 묘함

巧 妙

一 丅 工 工 巧
𡿨 女 女 女 妙 妙 妙

奸巧(간교)
간사하고 교활함
奇妙(기묘)
이상하고 묘함

월 일

郊 들 교	外 바깥 외

교외
도시의 주변 지역

郊 外

丶 亠 ㅗ 六 亣 交 交⁷ 交阝 郊
ノ ク 夕 夘 外

近郊(근교)
도시에 가까운 주변
除外(제외)
따로 떼어 내어 헤아리지 않음

校 학교 교	訂 바로잡을 정

교정
출판물의
잘못된 곳을 고침

校 訂

十 才 木 木' 木ㅗ 林 杧 校 校
丶 亠 亠 亖 言 言 言 訁 訂

學校(학교)
교육을 하는 기관
改訂(개정)
틀린 곳을 고쳐 바로잡음

交 사귈 교	際 즈음 제

교제
사귀어 가까이 지냄

交 際

丶 亠 ㅗ 六 亣 交
阝 阝 阝 阝 阝 際 際 際 際

交通(교통)
탈것을 이용해 오고 가는 일
國際(국제)
나라 사이에 관계됨

求 구할 구	乞 빌 걸

구걸
거저 달라고 빎

求 乞

一 十 寸 才 求 求 求
ノ 𠂉 乞

要求(요구)
필요에 의해 달라고 청함
乞食(걸식)
음식 등을 빌어먹음

월 일

丘	陵
언덕 구	언덕 릉

구릉
언덕

丘 陵

一 厂 F 斤 丘
阝 阝+ 阝+ 阝+ 阝+ 陟 陵 陟 陵

沙丘(사구)
모래로 이룬 언덕
陵墓(능묘)
능과 묘

驅	迫
몰 구	핍박할 박

구박
못 견디게 괴롭힘

驅 迫

F F 馬 馬 馹 駆 驅 驅 驅
′ 亻 白 白 白 ′白 迫 迫 迫

驅除(구제)
해충을 몰아내어 없앰
壓迫(압박)
강한 힘으로 내리누름

拘	束
잡을 구	묶을 속

구속
자유를 제한하거나 속박함

拘 束

一 十 扌 扌 扚 拘 拘 拘
一 一 一 一 申 束 束

拘禁(구금)
신체 자유를 구속하는 강제 처분
結束(결속)
뜻이 같은 사람끼리 서로 단결함

救	援
구원할 구	도울 원

구원
어려움에 빠진 사람을 구해 줌

救 援

寸 寸 扌 求 求 求 求 救 救
扌 扌 扌 扌 扌 扌 扌 援 援

救助(구조)
재난을 당한 사람을 구해 줌
應援(응원)
힘을 내도록 도와주는 일

_____ 월 _____ 일

構	造
얽을 구	지을 조

구조
부분이 전체를 짜 이룸

構 造

十 木 朩 朩 朩 朩 構 構 構
丶 牛 牛 牛 告 告 浩 浩 造

構築(구축)
쌓아 올려 만듦
造詣(조예)
지식이나 경험이 깊은 경지에 이름

舊	株
예 구	그루 주

구주
이전에 발행한 주식

舊 株

艹 艹 艹 萑 萑 萑 萑 舊 舊
十 才 木 朩 朩 朩 株 株 株

親舊(친구)
가깝게 오래 사귄 사람
株價(주가)
주식이나 주권의 가격

苟	且
진실로 구	또 차

구차
몹시 가난하고
궁색함

苟 且

一 十 艹 艹 芍 芶 苟 苟
丨 冂 月 月 且

苟生(구생)
구차하게 겨우 살아감
且置(차치)
내버려 두고 문제 삼지 않음

九	寸
아홉 구	마디 촌

구촌
촌수

九 寸

丿 九
一 寸 寸

九九(구구)
곱셈에 쓰는 기초 공식
寸刻(촌각)
매우 짧은 동안의 시간

_____ 월 _____ 일

俱 함께 구	現 나타날 현	區 구분할 구	劃 그을 획	國 나라 국	賓 손 빈	軍 군사 군	隊 무리 대

구현
속속들이 다 드러남

구획
경계를 지어 가름

국빈
나라에서 초대한 외국 손님

군대
군인의 집단

俱 現 區 劃 國 賓 軍 隊

俱唱(구창)
함께 노래를 부름
現在(현재)
지금의 시간

區分(구분)
전체를 몇 개로 갈라 나눔
企劃(기획)
일을 꾀해 계획함

國民(국민)
국가를 구성하는 사람
貴賓(귀빈)
귀한 손님

陸軍(육군)
주로 땅 위에서 임무를 하는 군대
隊列(대열)
줄을 지어 늘어선 행렬

_____월 _____일

群 무리 군	衆 무리 중
군중 한곳에 모인 많은 사람	
群	衆

ㄱ 彐 尹 君 君 君' 君'' 群 群
ㅡ 血 血 聚 聚 聚 衆 衆 衆

群島(군도)
모여 있는 크고 작은 섬들
大衆(대중)
수많은 사람의 무리

郡 고을 군	廳 관청 청
군청 군의 행정 사무를 보는 관청	
郡	廳

ㄱ ㅋ 尹 尹 君 君 君 郡 郡
ㅡ 广 广 庐 庐 庐 廳 廳 廳

郡守(군수)
군의 행정을 맡아보는 으뜸 직위
市廳(시청)
시의 행정 사무를 맡아보는 기관

屈 굽힐 굴	曲 굽을 곡
굴곡 이리저리 꺾이고 굽음	
屈	曲

ㄱ ㅋ 尸 尸 屈 屈 屈 屈
ㅣ 冂 日 巾 曲 曲

屈折(굴절)
휘어서 꺾임
歪曲(왜곡)
사실과 다르게 해석함

窮 다할 궁	極 극진할 극
궁극 어떤 과정의 마지막	
窮	極

宀 穴 穴 窮 窮 窮 窮 窮 窮
木 木 朩 朽 朽 柯 極 極 極

窮乏(궁핍)
몹시 가난함
極限(극한)
궁극의 한계

월 일

弓 矢
활 궁 화살 시

궁시
활과 화살

弓 矢

ㄱ ㄱ 弓
ㅏ ㄷ 𠂉 矢

洋弓(양궁)
서양식 활로 겨루는 경기
嚆矢(효시)
시작되어 나온 맨 처음

宮 殿
집 궁 전각 전

궁전
임금이 거처하는 집

宮 殿

宀 宀 宀 宀 宮 宮 宮 宮 宮
尸 尸 屈 屈 屈 展 殿 殿 殿

迷宮(미궁)
쉽게 해결하지 못하게 된 상태
聖殿(성전)
신성한 전당

卷 末
책 권 끝 말

권말
책의 맨 끝

卷 末

丿 八 𠆢 𠆢 𢍏 类 券 卷
一 二 丰 末 末

全卷(전권)
여러 권으로 된 책의 전부
週末(주말)
한 주일의 끝 무렵

勸 勉
권할 권 힘쓸 면

권면
격려해서 힘쓰게 함

勸 勉

艹 艹 艹 艹 萨 雚 雚 勸 勸
丿 ク ク 各 各 争 免 勉 勉

勸誘(권유)
어떤 일을 하도록 권함
勉學(면학)
학문에 힘씀

拳	銃
주먹 **권**	총 **총**

권총
짧고 작은 총

拳 銃

八 ⺊ 𠂉 ⺷ 㢧 类 类 叁 拳
𠂉 ⺼ 金 釒 鉒 銃 銃 銃 銃

拳鬪(권투)
복싱
獵銃(엽총)
사냥에 알맞도록 만든 총

軌	跡
바퀴 자국 **궤**	발자취 **적**

궤적
자국이나 자취

軌 跡

一 厂 冂 冃 百 亘 車 軋 軌
口 𠯁 𠯆 𧾷 跁 跡 跡 跡 跡

儀軌(의궤)
후세에 참고하기 위해 적은 책
追跡(추적)
뒤를 밟아서 쫓음

龜	鑑
거북 **귀**	거울 **감**

귀감
본받을 만한 모범

龜 鑑

⺈ 㐃 龟 龟 龟 龟 龜 龜 龜
𠂉 鈩 鉀 鉀 鋻 鍳 鑑 鑑 鑑

龜甲(귀갑)
거북의 등딱지
鑑別(감별)
보고 식별함

貴	社
귀할 **귀**	모일 **사**

귀사
상대편의 회사를
높여 이르는 말

貴 社

口 中 虫 冉 胄 胄 冑 貴 貴
⺀ 二 亍 示 示 示 社 社

富貴(부귀)
재산이 많고 지위가 높음
入社(입사)
회사에 취직해서 들어감

_____월 _____일

歸省
歸 돌아갈 **귀** / 省 살필 **성**

귀성
객지에서 고향으로 돌아옴

歸 省

歸還(귀환)
본래 있던 곳으로 돌아옴
反省(반성)
잘못이나 부족함을 돌이켜 봄

規範
規 법 **규** / 範 법 **범**

규범
가치 판단의 기준

規 範

規則(규칙)
다 같이 지키기로 한 법칙
模範(모범)
본받아 배울 만한 대상

糾彈
糾 얽힐 **규** / 彈 탄알 **탄**

규탄
잘못을 잡아내어 따지고 나무람

糾 彈

糾明(규명)
자세히 따져서 바로 밝힘
彈劾(탄핵)
해임하거나 처벌하는 일

均衡
均 고를 **균** / 衡 저울대 **형**

균형
치우침이 없이 고름

均 衡

均等(균등)
고르고 가지런해 차별이 없음
衡平(형평)
균형이 맞음

월 일

克 服
이길 극 / 옷 복

극복
악조건을 이겨 냄

克 服

一 十 ㅜ 古 古 声 克
丿 月 月 月 月⁷ 肕 服 服

克明(극명)
속속들이 똑똑하게 밝힘
韓服(한복)
우리나라의 고유한 옷

根 據
뿌리 근 / 근거 거

근거
근본이 되는 거점

根 據

十 木 木 朩 杙 朰 根 根 根
扌 扩 扩 扩 扩 扩 擄 擄 據

根本(근본)
사물의 본질이나 본바탕
證據(증거)
증명할 수 있는 근거

勤 儉
부지런할 근 / 검소할 검

근검
부지런하고
검소함

勤 儉

艹 艹 苗 苗 茾 華 堇 勤 勤
佡 佡 佡 倫 倫 儉 儉 儉

勤怠(근태)
부지런함과 게으름
儉素(검소)
꾸밈없이 수수함

斤 兩
근 근 / 두 량

근량
무게 단위의
근과 양

斤 兩

一 厂 斤 斤
一 厂 冂 币 币 雨 兩 兩

斤數(근수)
저울에 단 무게의 수
兩立(양립)
둘이 서로 굽힘 없이 맞섬

____월 ____일

近 鄰
가까울 근 / 이웃 린

근린
가까운 이웃. 근처

近 鄰

遠近(원근) 멀고 가까움
鄰接(인접) 이웃해 있음

僅 少
겨우 근 / 적을 소

근소
아주 적음

僅 少

僅僅(근근) 어렵사리 겨우
稀少(희소) 매우 드물고 적음

謹 愼
삼갈 근 / 삼갈 신

근신
삼가고 조심함

謹 愼

謹賀(근하) 삼가 축하함
愼重(신중) 매우 조심스러움

錦 江
비단 금 / 강 강

금강
강 이름

錦 江

錦繡(금수) 수를 놓은 비단
江南(강남) 강의 남쪽 지역

金 塊
쇠 금 / 덩어리 괴

금괴
금덩이

金 塊

丿 人 亼 亼 仝 全 金 金 金
土 圤 圤 坤 坤 坤 塊 塊 塊

金融(금융)
금전을 융통하는 일
巖塊(암괴)
바위의 덩어리

今 昔
이제 금 / 예 석

금석
지금과 옛적

今 昔

丿 人 亼 今
一 十 卄 卄 昔 昔 昔 昔

昨今(작금)
어제와 오늘. 요즈음
昔日(석일)
많은 세월이 지난 오래전 때

禽 獸
새 금 / 짐승 수

금수
모든 짐승

禽 獸

亼 今 侴 侴 禽 禽 禽 禽 禽
單 單 嘼 嘼 嘼 獸 獸 獸

猛禽(맹금)
성질이 사납고 육식을 하는 새
猛獸(맹수)
주로 육식을 하는 사나운 짐승

急 騰
급할 급 / 오를 등

급등
갑자기 오름

急 騰

丿 ク 刍 刍 刍 刍 急 急 急
月 胖 胖 胖 滕 滕 騰 騰 騰

危急(위급)
몹시 위태롭고 급함
騰落(등락)
물가 등이 오르고 내림

_____월 _____일

及	第	肯	定	期	間	豈	敢
미칠 **급**	차례 **제**	즐길 **긍**	정할 **정**	기약할 **기**	사이 **간**	어찌 **기**	감히 **감**

급제
시험에 합격함

긍정
옳다고 인정함

기간
어느 일정한
시기까지의 사이

기감
어찌 감히

及 第 肯 定 期 間 豈 敢

波及(파급)
여파가 차차 다른 데로 미침
落第(낙제)
시험이나 검사에 떨어짐

首肯(수긍)
옳다고 인정함
決定(결정)
행동이나 태도를 분명하게 정함

時期(시기)
일이나 현상이 진행되는 시점
瞬間(순간)
아주 짧은 동안

豈不(기불)
어찌 ~않으랴
勇敢(용감)
용기가 있으며 씩씩하고 기운참

紀 綱

紀 벼리 기 / 綱 벼리 강

기강
규율과 법도

紀 綱

纟 纟 纟 纟 糸 糸 紀 紀 紀
纟 糸 糸 糿 絅 絅 絅 綱 綱

紀元(기원)
기준이 되는 해
綱領(강령)
일의 근본이 되는 큰 줄거리

機 械

機 틀 기 / 械 기계 계

기계
동력을 써서
일을 하는 장치

機 械

木 栏 栏 楑 楑 楑 機 機 機
木 木 朩 朩 杧 栎 械 械 械

危機(위기)
위험한 고비나 시기
足械(족계)
죄수를 가두어 둘 때 쓰던 형구

奇 怪

奇 기특할 기 / 怪 괴이할 괴

기괴
괴상하고 기이함

奇 怪

一 ナ 大 太 本 夲 奇 奇
丶 忄 忆 怪 怪 怪 怪

奇拔(기발)
유달리 재치가 뛰어남
怪力(괴력)
괴상할 정도로 뛰어나게 센 힘

企 圖

企 꾀할 기 / 圖 그림 도

기도
어떤 일을
이루려고 꾀함

企 圖

ノ 人 个 仐 仚 企
冂 冂 冋 冋 冋 圖 圖 圖 圖

企業(기업)
생산하고 판매하는 조직체
意圖(의도)
하고자 하는 생각이나 계획

월 일

騎 말 탈 기	馬 말 마
기마 말을 탐	

騎 馬

馬 馬 馬 騎 騎 騎 騎 騎 騎
丨 厂 F F 用 馬 馬 馬 馬 馬

騎兵(기병)
말을 타고 싸우는 병사
駿馬(준마)
빠르게 잘 달리는 말

己 몸 기	卯 토끼 묘
기묘 육십갑자의 열여섯째	

己 卯

ㄱ ㄱ 己
卯 卯 卯 卯 卯

自己(자기)
그 사람 자신
卯時(묘시)
오전 5시부터 7시까지

幾 몇 기	十 열 십
기십 몇 십	

幾 十

幺 幺 幺幺 幺幺 幺幺 幾 幾 幾 幾
一 十

幾何(기하)
기하학. 얼마
十里(십리)
약 4km의 거리

飢 주릴 기	餓 주릴 아
기아 굶주림	

飢 餓

飠 飠 飠 飠 飠 飠 飠 飢 飢
飠 飠 飠 飠 飠 飠 餓 餓 餓

虛飢(허기)
몹시 굶어서 배고픈 느낌
餓死(아사)
굶어 죽음

祈 願
빌 기 / 원할 원

기원
바라는 일이
이루어지기를 빎

祈 願

祈福(기복)
복을 빎
所願(소원)
어떤 일이 이루어지기를 바람

寄 贈
부칠 기 / 줄 증

기증
남에게 물품을
거저 줌

寄 贈

寄與(기여)
도움이 되도록 이바지함
贈呈(증정)
물건 등을 성의 표시로 줌

基 礎
터 기 / 주춧돌 초

기초
기본이 되는 것

基 礎

基準(기준)
기본이 되는 표준
礎石(초석)
어떤 사물의 기초

起 枕
일어날 기 / 베개 침

기침
윗사람이
잠을 깨어 일어남

起 枕

起床(기상)
잠자리에서 일어남
衾枕(금침)
이부자리와 베개

其他

其 그 기 / 他 다를 타

기타
그 밖에

其 他

一 十 廿 甘 甘 甚 其 其
丿 亻 仂 仲 他

其實(기실)
실제에 있어서
利他(이타)
다른 이의 이익을 더 꾀함

忌嫌

忌 꺼릴 기 / 嫌 싫어할 혐

기혐
꺼리고 싫어함

忌 嫌

ㄱ ㅋ 己 己 忌 忌 忌
女 女 女 女 女 女 嫌 嫌 嫌

忌避(기피)
꺼리거나 싫어해서 피함
嫌惡(혐오)
싫어하고 미워함

旣婚

旣 이미 기 / 婚 혼인할 혼

기혼
이미 결혼함

旣 婚

白 白 白 白 皀 皀 皀 旣 旣
女 女 女 女 娇 娇 婚 婚 婚

旣存(기존)
이미 존재함
結婚(결혼)
남녀가 부부 관계를 맺음

緊密

緊 긴할 긴 / 密 빽빽할 밀

긴밀
매우 가까워
빈틈이 없음

緊 密

臣 臤 臤 臤 竪 緊 緊 緊 緊
宀 宀 宓 宓 宓 宓 宻 密 密

緊急(긴급)
긴요하고 급함
密度(밀도)
빽빽이 들어선 정도

월 일

吉	凶
길할 길	흉할 흉

길흉
운이 좋고 나쁨

吉	凶

一 十 士 吉 吉 吉
ノ メ 凶 凶

吉兆(길조)
좋은 일이 있을 조짐
凶年(흉년)
농작물이 잘되지 않은 해

那	落
어찌 나	떨어질 락

나락
지옥

那	落

丁 ヨ 刁 刃 刃' 那 那
艹 艹 艹 汸 汸 洛 落 落 落

刹那(찰나)
어떤 일이 일어나는 바로 그때
脫落(탈락)
떨어지거나 빠짐

羅	列
벌일 라	벌일 렬

나열
죽 벌여 놓음

羅	列

罒 罕 罕 罗 罗 罗 羅 羅 羅
一 ア 万 歹 列 列

網羅(망라)
널리 빠짐없이 모음
行列(행렬)
여럿이 줄지어 감

欄	干
난간 란	방패 간

난간
가장자리를
막은 부분

欄	干

木 朩 枘 柵 椚 椚 欄 欄 欄
一 二 干

空欄(공란)
글자 없이 비워 둔 칸이나 줄
干滿(간만)
썰물과 밀물

_____ 월 _____ 일

暖	流
따뜻할 난	흐를 류

난류
따뜻한 해류

暖 流

暖房(난방)
온도를 높여 따뜻하게 하는 일
交流(교류)
문화나 사상 등이 서로 통함

蘭	草
난초 란	풀 초

난초
난초과의 식물

蘭 草

芝蘭(지란)
지초와 난초. 높고 맑은 재질
花草(화초)
꽃이 피는 풀과 나무

南	北
남녘 남	북녘 북

남북
남쪽과 북쪽

南 北

湖南(호남)
전라남도와 전라북도
北極(북극)
지축의 북쪽 끝

濫	獲
넘칠 람	얻을 획

남획
짐승, 물고기 등을
마구 잡음

濫 獲

猥濫(외람)
행동이나 생각이 분수에 지나침
漁獲(어획)
수산물을 잡거나 채취함

納 付
들일 납 · 줄 부

납부
세금, 공과금 등을 냄

納 付

纟 纟 糸 糸 糸 糸 紅 紨 納
丿 亻 仁 付 付

納得(납득)
잘 알아서 긍정하고 이해함
付託(부탁)
어떤 일을 해 달라고 청함

娘 子
여자 낭 · 아들 자

낭자
'처녀'를 높여
이르던 말

娘 子

女 女 女 女 女 女 娘 娘 娘
了 了 子

娘核(낭핵)
핵분열로 생긴 두 개의 핵
弟子(제자)
스승에게 가르침을 받은 사람

來 玆
올 래 · 무성할 자

내자
내년

來 玆

一 厂 冂 刀 刃 夾 來 來
十 玄 玄 玄 玆 玆 玆 玆 玆

未來(미래)
앞으로 올 때
龜玆(구자)
중국 한나라 때의 나라

耐 震
견딜 내 · 우레 진

내진
지진을 견딤

耐 震

一 ア 冂 币 而 而 耐 耐 耐
雨 雨 雨 雷 雷 雷 震 震 震

耐久(내구)
오래 견딤
地震(지진)
지각이 흔들리는 일

_______월 _______일

奈	何	冷	藏	露	梁	努	力
어찌 내	어찌 하	찰 랭	감출 장	이슬 로	들보 량	힘쓸 노	힘 력

내하
어찌함

냉장
냉온에 저장함

노량
나루터 이름

노력
힘을 씀

奈乙(내을)
박혁거세가 태어난 곳
如何(여하)
어떠한가의 뜻을 나타내는 말

冷淡(냉담)
태도가 동정심 없이 차가움
所藏(소장)
자기의 것으로 지니어 간직함

結露(결로)
이슬이 맺힘
橋梁(교량)
건널 수 있게 만든 다리

努肉(노육)
군살
魅力(매력)
마음을 사로잡아 끄는 힘

奴 婢
종 노 / 계집종 비

노비
사내종과 계집종

奴 婢

ㄑ 女 女 奴 奴
女 女' 女' 女ˊ 女ˊ 女ˊ 女ˊ 婢 婢

推奴(추노)
도망간 종을 찾아오던 일
從婢(종비)
종살이를 하는 여자

老 衰
늙을 로 / 쇠할 쇠

노쇠
늙어서 쇠약함

老 衰

一 十 土 耂 耂 老
亠 亡 亡 亩 亩 亩 衰 衰 衰

老鍊(노련)
많은 경험으로 익숙하고 능란함
衰弱(쇠약)
힘이 쇠하고 약함

鹿 角
사슴 록 / 뿔 각

녹각
사슴뿔

鹿 角

广 户 户 声 声 声 鹿 鹿 鹿
ノ ⺈ 介 角 角 角 角

白鹿(백록)
털의 빛깔이 흰 사슴
頭角(두각)
뛰어난 학식이나 재능

綠 陰
푸를 록 / 그늘 음

녹음
푸른 잎이 우거진
나무나 수풀

綠 陰

糸 糸 糸 紀 紀 紆 緑 綠 綠
阝 阝 阝 阝 阝 阝 陰 陰 陰

綠茶(녹차)
찻잎을 우린 물
陰謀(음모)
몰래 흉악한 일을 꾸밈

월 일

農	耕
농사 농	밭갈 경

농경
논밭을 갈아
농사를 지음

農 耕

冂 冊 曲 曲 曲 農 農 農 農
= 三 丰 耒 耒 耒 耒 耕 耕

歸農(귀농)
농사를 지으려고 농촌으로 감
耕耘(경운)
논밭을 갈고 김을 맴

腦	裏
골 뇌	속 리

뇌리
머릿속

腦 裏

月 肸 肸 肸 肸 腦 腦 腦 腦
亠 亩 亩 亩 亩 裏 裏 裏 裏

頭腦(두뇌)
머리뼈 안에 있는 부분
表裏(표리)
물체의 겉과 속

雷	電
우레 뢰	번개 전

뇌전
천둥과 번개

雷 電

一 币 币 雨 雨 雷 雷 雷 雷
币 币 币 雨 雨 雷 雷 雷 電

落雷(낙뢰)
벼락이 떨어짐
發電(발전)
전기를 일으킴

漏	水
샐 루	물 수

누수
물이 샘

漏 水

氵 沪 沪 涓 漏 漏 漏 漏 漏
亅 才 水 水

漏落(누락)
기록에서 빠짐
水泳(수영)
물속을 헤엄치는 일

_______월 _______일

累 묶을 루	積 쌓을 적	屢 여러 루	次 버금 차	陵 언덕 릉	夷 오랑캐 이	茶 차 다	房 방 방
누적 포개어 여러 번 쌓음		**누차** 여러 차례		**능이** 성하다가 나중에는 쇠퇴함		**다방** 찻집	
累	積	屢	次	陵	夷	茶	房

冂 冃 冄 罒 罒 罗 罘 累 累
禾 秆 秆 秸 積 積 積 積 積

尸 屃 屃 屃 屃 屃 屢 屢 屢
冫 丷 ソ 次 次 次

阝 阝 阹 陆 陆 陵 陵 陵 陵
一 一 彐 弓 夷 夷

一 十 艹 艹 艾 艾 茶 茶 茶
一 彐 彐 戶 戶 戶 房 房

連累(연루)
남이 저지른 범죄에 연관됨
積載(적재)
물건을 운송 수단에 실음

屢回(누회)
여러 차례
次例(차례)
순서 있게 벌여 나가는 관계

王陵(왕릉)
임금의 무덤
東夷(동이)
동쪽의 오랑캐

茶菓(다과)
차와 과자
廚房(주방)
음식을 만들거나 차리는 방

_____ 월 _____ 일

多	樣	檀	君	端	緖	但	只
많을 다	모양 양	박달나무 단	임금 군	끝 단	실마리 서	다만 단	다만 지

다양
여러 가지 모양이나 양식

단군
우리 민족의 시조로 받드는 태초의 임금

단서
일의 첫 부분

단지
다만. 오로지

多 樣 檀 君 端 緖 但 只

丿 ク タ 多 多 多
木 栏 栏 栏 样 样 様 様 樣

木 朩 杧 梼 檀 檀 檀 檀 檀
ㄱ ㅋ ㅋ 尹 尹 君 君

立 逆 逆 逆 逆 逆 端 端 端
糸 糸 紩 紩 緒 緒 緒 緖

丿 亻 ㄔ 们 佀 但 但
ㅣ ㄇ 口 口 只 只

多幸(다행)
뜻밖에 일이 잘되어 운이 좋음
樣相(양상)
사물이나 현상의 모양이나 상태

檀紀(단기)
단군기원
君子(군자)
덕과 학식이 높은 사람

弊端(폐단)
옳지 못한 경향이나 해로운 현상
頭緖(두서)
일의 차례나 갈피

非但(비단)
다만. 겨우. 오직
只今(지금)
말하는 바로 이때

_____월 _____일

丹	靑
붉을 단	푸를 청

단청
벽, 기둥 등에 그림이나 무늬를 그림

丹 靑

丹粧(단장) 곱게 꾸밈
靑雲(청운) 높은 지위나 벼슬

短	篇
짧을 단	책 편

단편
짤막하게 지은 글

短 篇

長短(장단) 길고 짧음
長篇(장편) 내용이 길고 복잡한 소설

斷	乎
끊을 단	어조사 호

단호
과단성 있고 엄격함

斷 乎

判斷(판단) 판정을 내림
確乎(확호) 아주 든든하고 굳셈

擔	當
멜 담	마땅 당

담당
어떤 일을 맡음

擔 當

擔任(담임) 학급이나 학년을 책임지고 맡아봄
該當(해당) 범위나 조건에 바로 들어맞음

___월 ___일

淡	白
맑을 담	흰 백

담백
욕심이 없고 마음이 깨끗함

淡 白

氵 氵 氵 氵 氵 氵 淡 淡 淡
丶 白 白 白 白

濃淡(농담) 색깔이나 명암의 짙음과 옅음
告白(고백) 사실대로 숨김없이 말함

答	辯
대답 답	말씀 변

답변
물음에 대답함

答 辯

問答(문답) 물음과 대답
詭辯(궤변) 참인 것처럼 꾸며 대는 논법

踏	査
밟을 답	조사할 사

답사
현장에 가서 보고 조사함

踏 査

踏步(답보) 제자리걸음
搜查(수사) 찾아서 조사함

唐	突
당나라 당	갑자기 돌

당돌
올차고 다부짐

唐 突

广 广 庐 庐 唐 唐 唐 唐

荒唐(황당) 참되지 않고 터무니없음
追突(추돌) 뒤에서 들이받음

_____월 _____일

對句 (대할 대, 글귀 구)

대구

짝 지은 둘 이상의 글귀

對句

丵 丵 丵 丵 丵 丵 丵 對 對

丿 勹 勺 句 句

反對(반대) 등지거나 서로 맞섬

警句(경구) 격언. 잠언

大陸 (클 대, 뭍 륙)

대륙

지역이 넓은 육지

大陸

一 ナ 大

阝 阝 阹 阹 阹 陆 陸 陸 陸

寬大(관대) 마음이 너그럽고 큼

着陸(착륙) 공중에서 땅으로 내림

待遇 (기다릴 대, 만날 우)

대우

예의를 갖추어 대함

待遇

丿 彳 彳 彳 彳 待 待 待 待

丨 冂 冃 禺 禺 禺 禺 遇 遇

招待(초대) 참가해 줄 것을 청함

禮遇(예우) 예의를 지켜 정중하게 대우함

代替 (대신할 대, 바꿀 체)

대체

다른 것으로 대신함

代替

丿 亻 亻 代 代

夫 夫 夫 夫 扶 扶 替 替 替

代表(대표) 전체를 대표하는 사람

交替(교체) 다른 사람이나 사물로 대신함

_____월 _____일

德 談
클 덕 / 말씀 담

덕담
남이 잘되기를 비는 말

德 談

彳 㣔 徝 徝 徝 德 德 德 德
言 言 言 言 訁 談 談 談 談

德分(덕분)
베풀어 준 은혜나 도움
談笑(담소)
웃고 즐기면서 이야기함

道 具
길 도 / 갖출 구

도구
일할 때 쓰는 연장

道 具

亠 首 首 首 首 首 道 道 道
丨 冂 冃 冃 目 且 具 具

孝道(효도)
부모를 잘 섬기는 도리
具備(구비)
빠짐없이 다 갖춤

桃 李
복숭아 도 / 오얏 리

도리
복숭아와 자두

桃 李

十 木 木 杉 杉 杉 机 桃 桃
一 十 木 本 李 李 李

桃園(도원)
복사나무가 많은 정원
李花(이화)
자두나무의 꽃

逃 亡
도망할 도 / 망할 망

도망
달아남

逃 亡

丿 丬 兆 兆 兆 兆 兆 逃 逃
丶 亠 亡

逃走(도주)
피하거나 쫓기어 달아남
興亡(흥망)
흥함과 망함

_______월 _______일

徒 步
무리 도 / 걸음 보

도보
타지 않고 걸어감

徒 步

彳 彳 彳 彳 往 往 往 徒 徒
丨 卜 止 止 牛 步 步

暴徒(폭도)
폭동을 일으킨 사람의 무리
進步(진보)
더욱 나아지거나 높아짐

跳 躍
뛸 도 / 뛸 약

도약
몸을 위로
솟구치는 일

跳 躍

高跳(고도)
높이뛰기
活躍(활약)
활발히 활동함

都 邑
도읍 도 / 고을 읍

도읍
중앙 정부가 있는 곳

都 邑

都市(도시)
정치, 경제, 문화의 중심이 되는 지역
邑內(읍내)
읍의 구역 안

稻 作
벼 도 / 지을 작

도작
벼농사

稻 作

種稻(종도)
못자리에 뿌리는 벼의 씨
作家(작가)
예술품을 창작하는 사람

_____ 월 _____ 일

挑 돋울 도	戰 싸움 전
도전 맞서 싸움을 겲	

挑 戰

一 扌 扌 扌 扌 扌 挑 挑 挑
口 罒 罒 罝 單 單 戰 戰 戰

挑發(도발) 자극해서 일이 일어나게 함
戰略(전략) 필요한 책략

到 이를 도	着 붙을 착
도착 목적한 곳에 다다름	

到 着

一 工 五 Z 平 至 到 到
丷 丷 丷 尸 羊 着 着 着 着

殺到(쇄도) 세차게 몰려듦
着手(착수) 어떤 일을 시작함

陶 질그릇 도	醉 취할 취
도취 마음이 쏠려 취하다시피 됨	

陶 醉

阝 阝 阝 阝 阝 阝 陶 陶 陶
冂 酉 酉 酉 酉 酉 醉 醉 醉

陶器(도기) 붉은 진흙으로 만들어 구운 그릇
心醉(심취) 깊이 빠져 마음을 빼앗김

塗 칠할 도	炭 숯 탄
도탄 고통스러운 지경	

塗 炭

氵 氵 氵 氵 氵 涂 涂 塗 塗
丨 山 山 山 屵 屵 屵 炭 炭

塗裝(도장) 도료를 칠하거나 바름
炭鑛(탄광) 석탄을 캐내는 광산

_____월 _____일

渡 航	獨 島	毒 蛇	敦 篤
건널 도 / 배 항	홀로 독 / 섬 도	독 독 / 긴 뱀 사	도타울 돈 / 도타울 독
도항 배를 타고 바다를 건넘	**독도** 울릉군에 있는 화산섬	**독사** 독액을 분비하는 뱀	**돈독** 도탑고 성실함
渡 航	獨 島	毒 蛇	敦 篤
賣渡(매도) 소유권을 다른 사람에게 넘김 **難航(난항)** 일이 순조롭게 진행되지 않음	**獨立(독립)** 독자적으로 존재함 **島嶼(도서)** 크고 작은 온갖 섬	**毒感(독감)** 지독한 감기 **蛇足(사족)** 쓸데없는 군더더기	**敦睦(돈목)** 정이 두텁고 화목함 **篤實(독실)** 믿음이 두텁고 성실함

______월 ______일

突	厥
갑자기 **돌**	그 **궐**

돌궐
튀르키예계 유목 민족

突 厥

丶 丶 宀 宀 穴 空 宊 宊 突
厂 厂 厈 厈 厥 厥 厥 厥 厥

衝突(충돌)
서로 맞부딪치거나 맞섬
尸厥(시궐)
갑자기 쓰러지는 위급한 증상

凍	結
얼 **동**	맺을 **결**

동결
얼어붙음

凍 結

冫 冫 冫 汀 洱 洱 凍 凍 凍
糸 糸 糸 糸 紅 紅 紅 結 結

解凍(해동)
얼었던 것이 녹아서 풀림
結果(결과)
어떤 원인으로 결말이 생김

洞	里
고을 **동**	마을 **리**

동리
마을

洞 里

丶 氵 氵 汀 汩 汩 洞 洞 洞
丨 口 日 日 旦 甲 里

洞長(동장)
동사무소의 으뜸 직위
千里(천리)
매우 먼 거리

同	盟
한가지 **동**	맹세 **맹**

동맹
맹세해서 맺는
약속이나 조직체

同 盟

丨 冂 冂 同 同 同
日 明 明 明 明 盟 盟 盟 盟

同意(동의)
같은 뜻. 의견을 같이함
盟誓(맹세)
일정한 약속이나 목표를 다짐함

銅 錢
구리 동 · 돈 전

동전
구리로 만든 돈

銅 錢

銅像(동상)
사람이나 동물 형상의 기념물
換錢(환전)
종류가 다른 화폐를 교환함

東 軒
동녘 동 · 집 헌

동헌
고을 사령의 관청

東 軒

東海(동해)
동쪽의 바다
軒軒(헌헌)
풍채가 당당하고 빼어남

童 話
아이 동 · 말씀 화

동화
동심을 바탕으로
지은 이야기

童 話

童顔(동안)
어린아이 같은 얼굴
對話(대화)
마주 대하고 이야기를 주고받음

登 校
오를 등 · 학교 교

등교
학교에 감

登 校

登場(등장)
무대나 연단에 나옴
下校(하교)
학교에서 집으로 돌아옴

_______월 _______일

燈 등 등	臺 대 대

등대
항로 표지의 하나

燈 臺

燈油(등유)
석유 제품 중 하나
土臺(토대)
밑바탕이 되는 기초와 밑천

等 무리 등	閑 한가할 한

등한
관심이 없거나
소홀함

等 閑

均等(균등)
차별이 없음
閑暇(한가)
겨를이 생겨 여유가 있음

麻 삼 마	布 베 포

마포
삼베

麻 布

麻雀(마작)
중국의 실내 오락
宣布(선포)
세상에 널리 알림

萬 일만 만	頃 이랑 경

만경
지면이나 수면이
아주 넓음

萬 頃

萬歲(만세)
환호의 느낌으로 외치는 말
頃刻(경각)
눈 깜빡할 사이

_____월 _____일

滿 洲
찰 **만** / 물가 **주**

만주
중국 둥베이 지방

滿 洲

氵 汫 泩 渀 湇 渮 滿 滿 滿
丶 冫 氵 氵 氵 沙 洲 洲 洲

滿足(만족)
마음에 흡족함
濠洲(호주)
오스트레일리아 연방

末 伏
끝 **말** / 엎드릴 **복**

말복
삼복 중
마지막 복날

末 伏

一 二 キ 末 末
丿 亻 仁 什 伏 伏

結末(결말)
일이 마무리되는 끝
屈伏(굴복)
머리를 숙이고 꿇어 엎드림

罔 極
그물 **망** / 극진할 **극**

망극
은혜가 한이 없음

罔 極

丨 冂 门 冈 罔 罔 罔 罔
木 朩 杠 朽 柯 柯 極 極 極

罔測(망측)
차마 보기가 어려움
積極(적극)
능동적으로 활동함

茫 漠
아득할 **망** / 넓을 **막**

망막
넓고 멂

茫 漠

一 十 艹 艹 艹 茫 茫 茫 茫
氵 氵 汻 泔 浩 渵 漠 漠 漠

茫然(망연)
아무 생각이 없이 멍함
荒漠(황막)
거칠고 아득하게 넓음

_____ 월 _____ 일

妄	言	賣	却	埋	沒	每	番
망령될 망	말씀 언	팔 매	물리칠 각	묻을 매	빠질 몰	매양 매	차례 번

망언
망령된 말

매각
물건을 팔아 버림

매몰
파묻히거나 파묻음

매번
각각의 차례

妄 言 賣 却 埋 沒 每 番

妄想(망상) 이치에 맞지 않은 헛된 생각
言及(언급) 어떤 문제에 대해 말함

賣買(매매) 물건을 팔고 사는 일
却說(각설) 화제를 다른 쪽으로 돌림

埋設(매설) 땅속에 파묻어 설치함
沒入(몰입) 깊이 파고들거나 빠짐

每事(매사) 하나하나의 모든 일
番號(번호) 차례를 나타내려고 붙이는 숫자

_____월 _____일

梅	花
매화 매	꽃 화

매화
매실나무의 꽃

梅 花

획순: 木 木 木 朩 朩 梅 梅 梅 梅 / 一 十 十 艹 艹 芢 芢 花

梅實(매실)
매실나무의 열매
菊花(국화)
국화과의 여러해살이풀

脈	絡
줄기 맥	이을 락

맥락
서로 이어져 있는
관계나 연관

脈 絡

획순: 月 月 肞 肞 肞 脈 脈 脈 脈 / 糹 糹 糹 糹 紁 絡 絡 絡 絡

脈搏(맥박)
심장의 박동으로 생기는 파동
連絡(연락)
어떤 사실을 상대편에게 알림

麥	芽
보리 맥	싹 아

맥아
엿기름

麥 芽

획순: 丆 双 双 來 來 來 來 麥 麥 / 一 十 艹 艹 芒 芽 芽

麥酒(맥주)
알코올성 음료의 하나
發芽(발아)
씨앗에서 싹이 틈

孟	浪
맏 맹	물결 랑

맹랑
똘똘하고 깜찍함

孟 浪

획순: 了 了 子 子 舌 舌 孟 孟 / 氵 氵 氵 氵 氵 氵 浪 浪 浪

孟子(맹자)
중국 전국 시대의 사상가
浪費(낭비)
헛되이 헤프게 씀

_____월 _____일

猛	威
사나울 맹	위엄 위

맹위
사나운 위세

猛 威

犭 犭 犭 犭 犭 猛 猛 猛 猛
丿 厂 厂 厂 厂 厂 威 威 威

勇猛(용맹)
용감하고 사나움
威脅(위협)
힘으로 으르고 협박함

面	刀
낯 면	칼 도

면도
수염이나
잔털을 깎음

面 刀

一 丆 丆 丙 而 面 面 面 面
刁 刀

表面(표면)
사물의 가장 바깥쪽
食刀(식도)
부엌에서 쓰는 칼

綿	織
솜 면	짤 직

면직
면직물

綿 織

糸 糸 糸 糸 糸 糸 糸 綿 綿
糸 糸 糸 糸 糸 糸 糸 織 織

綿絲(면사)
솜에서 자아낸 실
織物(직물)
섬유로 짠 물건

命	令
목숨 명	하여금 령

명령
무엇을 하도록 시킴

命 令

丿 人 亼 亼 合 合 命 命
丿 人 亼 今 令

運命(운명)
정해져 있는 목숨이나 처지
號令(호령)
지휘해서 명령함

_______월 _______일

毛 孔
터럭 모 · 구멍 공

모공
털구멍

毛 孔

一 二 三 毛
乛 了 子 孔

脫毛(탈모)
털이 빠짐
穿孔(천공)
구멍이 뚫림

模 倣
본뜰 모 · 본뜰 방

모방
본뜨거나 본받음

模 倣

木 栉 栉 栉 栉 栉 樟 樟 模
亻 亻 亻 仿 仿 倣 倣 倣 倣

模範(모범)
본받아 배울 만한 대상
倣刻(방각)
그대로 본떠서 새김

侮 辱
업신여길 모 · 욕될 욕

모욕
깔보고 욕되게 함

侮 辱

丿 亻 亻 亻 仁 侮 侮 侮 侮
厂 尸 尸 尸 辰 辰 辰 辱 辱

受侮(수모)
모욕을 받음
恥辱(치욕)
수치와 모욕

某 月
아무 모 · 달 월

모월
아무 달

某 月

一 十 卄 廿 甘 甘 苴 某 某
丿 刀 月 月

某處(모처)
어떠한 곳
歲月(세월)
흘러가는 시간

謀議

謀 꾀 모 / 議 의논할 의

모의
어떤 일을
꾀하고 의논함

謀 議

訁 訁 訐 訐 訐 訐 謀 謀 謀
訁 訁 訁 詳 詳 詳 詳 議 議

陰謀(음모)
몰래 흉악한 일을 꾸밈
會議(회의)
여럿이 모여 의논함

冒險

冒 무릅쓸 모 / 險 험할 험

모험
위험을 무릅쓰고
하는 일

冒 險

丨 冂 冃 冃 冐 冐 冐 冒 冒
阝 阝 阝 阾 阾 阾 险 險 險

冒瀆(모독)
말이나 행동으로 욕되게 함
危險(위험)
해로움이 생길 우려가 있음

目的

目 눈 목 / 的 과녁 적

목적
실현하려고 하는 일

目 的

丨 冂 月 月 目
ʹ 白 白 白 的 的 的

注目(주목)
관심을 가지고 주의 깊게 살핌
的中(적중)
목표물에 맞음

苗木

苗 모 묘 / 木 나무 목

묘목
옮겨 심는 어린나무

苗 木

一 十 卄 艹 苗 苗 苗 苗
一 十 才 木

種苗(종묘)
씨나 싹을 심어서 가꾼 묘목
樹木(수목)
목본 식물

______월 ______일

墓碑
墓 무덤 묘 / 碑 비석 비

묘비
무덤 앞에 세우는 비석

墓 碑

艹 艹 苜 苩 莫 莫 墓 墓 墓
石 石' 矿 矿 砷 砷 碑 碑 碑

省墓(성묘)
조상의 산소를 찾아가서 돌봄
碑文(비문)
비석에 새긴 글

茂林
茂 무성할 무 / 林 수풀 림

무림
나무가 우거진 숲

茂 林

一 十 廾 艹 芦 芦 芪 茂 茂
一 十 才 木 朩 杆 材 林

茂盛(무성)
풀이나 나무가 우거져 있음
山林(산림)
산과 숲

戊戌
戊 천간 무 / 戌 개 술

무술
육십갑자의 서른다섯째

戊 戌

丿 厂 戊 戊 戊
厂 厂 戌 戌 戌

戊辰(무진)
육십갑자의 다섯째
庚戌(경술)
육십갑자의 마흔일곱째

貿易
貿 무역할 무 / 易 바꿀 역

무역
물건을 사고팔거나 교환하는 일

貿 易

𠂎 𠂎 卯 貿 貿 貿 貿 貿 貿
丨 冂 日 日 月 昜 昜 易

貿穀(무곡)
곡식을 몰아서 사들임
交易(교역)
무역. 통상

_____월 _____일

武	裝
호반 무	꾸밀 장

무장
전투 장비를 갖춤

武 裝

一 二 亍 亍 正 武 武
丬 爿 壯 壯 壯 裝 裝 裝 裝

武器(무기)
전쟁에 사용되는 기구
包裝(포장)
물건을 싸거나 꾸밈

無	限
없을 무	한할 한

무한
한계가 없음

無 限

𠂉 午 無 無 無 無 無 無 無
⁷ 阝 阝 阝 阝 阝 阳 限 限

無知(무지)
아는 것이 없음
制限(제한)
일정한 한도를 정함

文	盲
글월 문	맹인 맹

문맹
글을 읽거나
쓸 줄을 모름

文 盲

丶 亠 ナ 文
丶 亠 亡 产 育 育 育 盲

漢文(한문)
한자만으로 쓴 글
盲目(맹목)
분별이나 판단을 못하는 일

門	戶
문 문	집 호

문호
드나드는 문

門 戶

丨 冂 冂 冂 門 門 門 門
一 ㄱ ㅋ 戶

關門(관문)
국경이나 요새의 성문
窓戶(창호)
온갖 창과 문

物	價	勿	論	眉	間	美	貌
물건 물	값 가	말 물	논할 론	눈썹 미	사이 간	아름다울 미	모양 모

물가
물건의 값

물론
말할 것도 없음

미간
두 눈썹의 사이

미모
아름다운 얼굴 모습

物 價 勿 論 眉 間 美 貌

丿 ㅏ 牛 牜 牞 物 物 物
亻 伻 侕 価 価 價 價 價 價

丿 勹 勺 勿
言 訁 訡 訡 訡 詥 詥 論 論

ㄱ ㅋ ㅋ 尸 尸 屛 屛 眉 眉
ㅣ ㅏ 門 門 門 門 問 間 間

丶 丷 䒑 䒑 羊 羊 羊 美 美
丿 豸 豸 豸 豹 豹 貌 貌 貌

植物(식물)
온갖 나무와 풀
價格(가격)
가치를 돈으로 나타낸 것

勿施(물시)
하려던 일을 그만둠
結論(결론)
끝을 맺는 부분

雙眉(쌍미)
양쪽의 두 눈썹
間隔(간격)
벌어진 사이

美術(미술)
미를 표현하는 예술
外貌(외모)
겉으로 드러나 보이는 모양

___월 ___일

微 작을 미	妙 묘할 묘	未 아닐 미	遂 드디어 수	迷 미혹할 미	惑 미혹할 혹	拍 칠 박	掌 손바닥 장

미묘
뚜렷하지 않고 야릇하고 묘함

微 妙

微笑(미소): 소리 없이 빙긋이 웃음
妙案(묘안): 뛰어나게 좋은 생각

미수
목적한 바를 이루지 못함

未 遂

未來(미래): 앞으로 올 때
完遂(완수): 뜻한 바를 완전히 이룸

미혹
무엇에 홀림

迷 惑

迷宮(미궁): 쉽게 해결하지 못하게 된 상태
誘惑(유혹): 꾀어서 정신을 혼미하게 함

박장
두 손바닥을 마주침

拍 掌

拍車(박차): 어떤 일을 촉진하려고 더하는 힘
掌握(장악): 마음대로 할 수 있게 됨

_____월 _____일

半 반 반	徑 지름길 경

반경
반지름

丿 丷 䒑 兰 半
彳 彳 彳 徑 徑 徑 徑 徑 徑

半島(반도)
삼면이 바다에 둘러싸인 육지
直徑(직경)
원의 지름

反 돌이킬 반	旗 기 기

반기
반대의 뜻을
나타내는 행동

一 厂 万 反
方 方 方 方 方 旃 旗 旗 旗

反復(반복)
같은 일을 되풀이함
國旗(국기)
나라를 상징하는 기

叛 배반할 반	亂 어지러울 란

반란
내란을 일으킴

丶 丷 䒑 兰 半 半 叛 叛 叛
爫 爫 爫 爫 爫 爫 爫 亂 亂

叛臣(반신)
임금을 배반한 신하
騷亂(소란)
시끄럽고 어수선함

盤 소반 반	松 소나무 송

반송
키가 작고
옆으로 퍼진 소나무

舟 舟 舟 舟 般 盤 盤 盤 盤
一 十 才 木 木 朩 松 松

基盤(기반)
기초가 되는 바탕
松津(송진)
소나무나 잣나무에서 나오는 액체

_____ 월 _____ 일

班 나눌 반	長 길 장
반장 반을 대표하는 사람	
班	長

班: 一 二 干 王 王 玎 珏 玨 班 班
長: 丨 厂 F 巨 트 툪 長 長

兩班(양반) 지배층을 이루던 신분
成長(성장) 자라서 점점 커짐

返 돌이킬 반	品 물건 품
반품 물품을 되돌려 보냄	
返	品

返: 一 厂 万 反 '反 汳 返 返
品: 丨 口 口 口 口 口 品 品 品

返納(반납) 도로 돌려줌
商品(상품) 사고파는 물품

發 필 발	達 통달할 달
발달 성장하거나 성숙함	
發	達

發展(발전) 더 낫고 좋은 상태로 나아감
到達(도달) 목적한 곳이나 수준에 다다름

拔 뽑을 발	本 근본 본
발본 근원을 없애 버림	
拔	本

拔: 一 扌 扌 扌 扐 扐 抜 拔
本: 一 十 才 木 本

選拔(선발) 많은 가운데서 골라 뽑음
資本(자본) 장사나 사업의 기본이 되는 돈

_______ 월 _______ 일

傍觀

傍 곁 방 / 觀 볼 관

방관
곁에서 보기만 함

傍 觀

亻 仁 伫 伫 仱 倅 倅 倅 傍
艹 苷 苷 萨 雚 觀 觀 觀 觀

傍聽(방청)
공개 방송 등에 참석해 들음
觀察(관찰)
주의해서 자세히 살펴봄

放恣

放 놓을 방 / 恣 방자할 자

방자
무례하고 건방짐

放 恣

丶 亠 亍 方 㫃 㫃 放 放
冫 冫 汀 次 次 次 恣 恣 恣

放學(방학)
일정 기간 수업을 쉬는 일
恣行(자행)
제멋대로 해 나감

方舟

方 모 방 / 舟 배 주

방주
네모진 모양의 배

方 舟

丶 亠 亍 方
丿 力 内 舟 舟

方向(방향)
어떤 방위를 향한 쪽
端舟(단주)
작은 배

芳草

芳 꽃다울 방 / 草 풀 초

방초
향기롭고 꽃다운 풀

芳 草

一 十 廾 艹 芏 芳 芳
十 十 廾 艹 芇 苩 苩 荁 草

芳香(방향)
꽃다운 향기
草原(초원)
풀이 나 있는 들판

妨 害

방해할 방 / 해할 해

방해

남의 일을 간섭하고 해를 끼침

無妨(무방)
거리낄 것이 없이 괜찮음

損害(손해)
물질적, 정신적으로 밑짐

背 景

등 배 / 볕 경

배경

뒤쪽의 경치

背信(배신)
믿음이나 의리를 저버림

夜景(야경)
밤의 경치

配 送

나눌 배 / 보낼 송

배송

배달과 발송

配匹(배필)
부부로서의 짝

發送(발송)
운송 수단을 이용해 보냄

倍 數

곱 배 / 셈 수

배수

어떤 수의 갑절이 되는 수

倍率(배율)
몇 배가 되는가를 나타내는 수

級數(급수)
우열에 따라 매긴 등급

_____월 _____일

排	斥
밀칠 **배**	물리칠 **척**

배척
거부해 내침

排 斥

扌 扌 扌 扌 扌 扌 排 排 排
一 厂 斤 斤 斥

排除(배제)
물리쳐 제외함
斥和(척화)
화친하자는 논의를 배척함

百	姓
일백 **백**	성씨 **성**

백성
국민

百 姓

一 丆 了 百 百 百
㇛ 女 女 女 女 女 姓 姓

百歲(백세)
긴 세월
姓氏(성씨)
'성'을 높여 이르는 말

伯	爵
맏 **백**	벼슬 **작**

백작
작위 중 하나

伯 爵

丿 亻 亻 亻 伯 伯 伯
爫 爫 爫 爫 爫 爫 爫 爵 爵

畫伯(화백)
'화가'를 높여 이르는 말
爵位(작위)
벼슬과 지위

煩	惱
번거로울 **번**	번뇌할 **뇌**

번뇌
괴로워함

煩 惱

火 火 火 炉 炉 煩 煩 煩 煩
忄 忄 忄 忄 忄 惱 惱 惱 惱

煩雜(번잡)
번거롭게 뒤섞여 어수선함
苦惱(고뇌)
괴로워하고 번뇌함

_____ 월 _____ 일

飜	譯
번역할 **번**	번역할 **역**

번역
다른 언어의 글로 옮김

飜 譯

飜曲(번곡)
곡을 바꿈
通譯(통역)
뜻이 통하도록 말을 옮겨 줌

繁	昌
번성할 **번**	창성할 **창**

번창
번화하게 창성함

繁 昌

繁華(번화)
번성하고 화려함
昌大(창대)
세력이 번창하고 왕성함

凡	常
무릇 **범**	항상 **상**

범상
예사로움

凡 常

凡事(범사)
모든 일. 평범한 일
常識(상식)
보통 알고 있는 지식

法	廷
법 **법**	조정 **정**

법정
재판하는 곳

法 廷

憲法(헌법)
한 국가의 최고 법규
朝廷(조정)
임금이 정치를 의논하는 곳

______월 ______일

碧	溪
푸를 **벽**	시내 **계**

벽계
푸르게 보이는 맑은 시내

碧雲(벽운): 푸른 빛깔의 구름
溪谷(계곡): 물이 흐르는 골짜기

邊	境
가 **변**	지경 **경**

변경
나라 경계의 변두리 땅

周邊(주변): 어떤 대상의 둘레
環境(환경): 자연적 조건이나 사회적 상황

變	更
변할 **변**	고칠 **경**

변경
새롭게 고침

變數(변수): 어떤 상황의 가변적 요인
更新(경신): 종전의 기록을 깨뜨림

辨	償
분별할 **변**	갚을 **상**

변상
빚을 갚음

辨明(변명): 구실을 대며 그 까닭을 말함
償還(상환): 갚거나 돌려줌

_____월 _____일

別	莊
나눌 별	엄할 장

별장
때때로 묵으면서 쉬는 집

丨 ㄇ ㅁ 号 另 別 別
艹 艹 廿 廿 节 芹 芹 荘 莊

區別(구별) 종류에 따라 갈라놓음
莊嚴(장엄) 웅장하며 위엄 있고 엄숙함

病	菌
병 병	버섯 균

병균
병의 원인이 되는 균

亠 广 广 疒 疒 疔 病 病 病
艹 艹 芇 芇 苪 苪 菌 菌 菌

病院(병원) 의료 기관
滅菌(멸균) 세균 등의 미생물을 죽임

兵	士
병사 병	선비 사

병사
군사

一 厂 斤 斤 丘 乒 兵
一 十 士

憲兵(헌병) 군사 경찰의 구실을 하는 병과
博士(박사) 학위 중 하나

丙	辰
남녘 병	별 진

병진
육십갑자의 쉰셋째

一 丆 币 丙 丙
一 厂 尸 尸 尼 辰 辰

丙亂(병란) '병자호란'의 준말
辰宿(진수) 모든 별자리의 별들

_____월 _____일

竝唱

竝 나란히 **병** / 唱 부를 **창**

병창
악기를 타면서
맞추어 부르는 노래

竝 唱

竝行(병행)
나란히 감
合唱(합창)
여러 사람이 노래를 부름

屛風

屛 병풍 **병** / 風 바람 **풍**

병풍
장식용으로 방 안에
치는 물건

屛 風

祭屛(제병)
제사 때에 치는 병풍
風流(풍류)
멋스럽고 풍치가 있는 일

寶石

寶 보배 **보** / 石 돌 **석**

보석
아름다우며
희귀한 광물

寶 石

寶物(보물)
보배로운 물건
巖石(암석)
바위

保衛

保 지킬 **보** / 衛 지킬 **위**

보위
보호하고 방위함

保 衛

保護(보호)
잘 보살펴 돌봄
防衛(방위)
공격을 막아서 지킴

월 일

補	佐
기울 보	도울 좌

보좌
지위 높은 사람을 도움

補 佐

礻 衤 衤 衤 裄 裄 裥 補 補
丿 亻 仁 仕 仕 佐 佐

補充(보충) 부족한 것을 보태어 채움
佐命(좌명) 임금을 도움

普	遍
넓을 보	두루 편

보편
모든 것에 두루 통함

普 遍

普通(보통) 흔히 볼 수 있음
遍歷(편력) 여러 가지 경험을 함

覆	蓋
다시 복	덮을 개

복개
덮거나 씌우는 것

覆 蓋

顚覆(전복) 차나 배가 뒤집힘
蓋然(개연) 그럴 것이라고 생각되는 상태

腹	臟
배 복	오장 장

복장
가슴의 한복판

腹 臟

腹痛(복통) 복부에 일어나는 통증
臟器(장기) 내장의 여러 기관

鳳 帶
봉새 봉 / 띠 대

봉대
붉은 비단의 큰 띠

鳳 帶

八 凡 凨 凨 凮 凮 鳳 鳳 鳳
卄 卅 卅 卌 帶 帶 帶 帶 帶

鳳凰(봉황)
중국의 전설에 나오는 상상의 새
連帶(연대)
여럿이 함께 무슨 일을 함

蜂 蜜
벌 봉 / 꿀 밀

봉밀
벌꿀

蜂 蜜

口 虫 虫 虴 蚇 蜂 蜂 蜂 蜂
宀 宓 宓 宓 宻 宻 蜜 蜜 蜜

養蜂(양봉)
꿀을 얻기 위해 벌을 기름
蜜蠟(밀랍)
꿀벌이 분비하는 물질

奉 仕
받들 봉 / 섬길 사

봉사
남을 위해 일함

奉 仕

一 二 三 声 夫 夫 叁 奉
丿 亻 仁 什 仕

信奉(신봉)
옳다고 믿고 받듦
出仕(출사)
벼슬을 해서 관청에 출근함

封 鎖
봉할 봉 / 쇠사슬 쇄

봉쇄
굳게 막음

封 鎖

一 十 土 圭 丰 圭 圭 封 封
ㅅ 今 金 金 釒 鎖 鎖 鎖 鎖

封印(봉인)
밀봉한 자리에 도장을 찍음
足鎖(족쇄)
죄인의 발목에 채우던 쇠사슬

월 일

否	決
아닐 부	결단할 결

부결
안건을 받아들이지 않기로 결정함

否 決

一 ア 不 否
丶 冫 氵 氵 氵 氵 決

與否(여부)
그러함과 그러하지 않음
解決(해결)
얽힌 일을 잘 처리함

夫	婦
지아비 부	며느리 부

부부
남편과 아내

夫 婦

一 二 夫 夫
女 女 女 女 女 女 女 婦 婦

漁夫(어부)
고기잡이가 직업인 사람
新婦(신부)
갓 결혼한 여자

副	詞
버금 부	말 사

부사
품사 중 하나

副 詞

一 ㄇ 戸 目 目 畐 畐 畐 副 副
亠 亠 言 言 訂 訂 詞 詞 詞

副應(부응)
좇아서 응함
歌詞(가사)
가곡, 가요 등의 노랫말

附	屬
붙을 부	무리 속

부속
딸려 붙은 사물

附 屬

ㄱ 了 阝 阝 阝 阝 附 附
尸 尸 属 属 属 属 属 屬 屬

添附(첨부)
안건이나 문서를 덧붙임
所屬(소속)
단체나 기관에 딸림

扶 도울 부	養 기를 양	賦 부세 부	役 부릴 역	赴 다다를 부	任 맡길 임	不 아닐 부	足 발 족

부양
생활 능력이 없는 사람의 생활을 돌봄

부역
국민에게 책임 지우는 의무 노역

부임
임명 받아 근무지로 감

부족
충분하지 않음

扶 養 賦 役 赴 任 不 足

一 扌 扌 扌 扌 扶 扶
䒑 𦍌 美 美 养 养 养 養 養

目 貝 貝 貝 貝 貝 賦 賦 賦
丿 彡 彳 彳 彳 役 役

一 十 土 キ キ 走 走 赴 赴
丿 亻 亻 仁 仟 任

一 丆 不 不
丨 口 口 早 早 足 足

扶助(부조)
돈이나 물건을 보내어 도와줌
療養(요양)
휴양하면서 병을 치료함

割賦(할부)
돈을 여러 번에 나누어 냄
役割(역할)
직책이나 임무

赴役(부역)
서로의 일을 도와줌
責任(책임)
해야 할 임무나 의무

不正(부정)
올바르지 않거나 옳지 못함
自足(자족)
스스로 넉넉함을 느낌

월 일

浮	標
뜰 부	표할 표

부표
물 위에 띄워
표적으로 삼는 물건

浮 標

氵 氵 氵 氵 氵 浮 浮 浮 浮
木 木 杧 杮 杮 標 標 標 標

浮上(부상)
물 위로 떠오름
標準(표준)
근거나 기준

符	號
부호 부	이름 호

부호
일정한 뜻을
나타내는 기호

符 號

⺮ ⺮ 竺 竺 符 符 符 符 符
口 号 号 号 號 號 號 號 號

符合(부합)
서로 꼭 들어맞음
信號(신호)
부호를 써서 의사를 통하는 방법

憤	怒
분할 분	성낼 노

분노
몹시 성을 냄

憤 怒

忄 忄 憤 憤 憤 憤 憤 憤 憤
ㄑ 女 女 奴 奴 奴 怒 怒 怒

激憤(격분)
몹시 분하고 노여움
怒氣(노기)
성난 얼굴빛

奔	忙
달릴 분	바쁠 망

분망
매우 바쁨

奔 忙

一 ナ 大 太 本 夲 奔 奔
丶 丶 忄 忄 忙 忙

奔走(분주)
몹시 바쁘게 뛰어다님
多忙(다망)
매우 바쁨

_____월 _____일

粉 가루 분	乳 젖 유
분유 가루우유	

粉 乳

粉: 丷 䒑 半 米 米 米 粉 粉 粉
乳: 乚 𠂊 𠂋 𠂌 乎 孚 孚 乳

粉末(분말)
부수거나 갈아서 만든 것
牛乳(우유)
소의 젖

紛 어지러울 분	爭 다툴 쟁
분쟁 말썽을 일으켜 시끄럽게 다툼	

紛 爭

紛亂(분란)
어수선하고 소란스러움
競爭(경쟁)
앞서려고 서로 겨룸

分 나눌 분	割 벨 할
분할 나누어 쪼갬	

分 割

分: 丿 八 分 分
割: 宀 宀 宀 宇 宇 害 害 割 割

區分(구분)
전체를 몇 개로 갈라 나눔
割當(할당)
몫을 갈라 나눔

佛 부처 불	敎 가르칠 교
불교 종교 중 하나	

佛 敎

佛: 丿 亻 仁 仨 佀 佛 佛

佛像(불상)
부처의 형상을 표현한 상
教育(교육)
가르치며 인격을 길러 줌

_____월 _____일

崩	壞
무너질 붕	무너질 괴

붕괴
무너지고 깨어짐

崩 壞

山 屵 屵 屵 屵 屵 崩 崩 崩
土 圹 圹 圹 圹 壞 壞 壞 壞

崩御(붕어)
임금이 세상을 떠남
壞死(괴사)
조직이나 세포가 죽는 일

朋	友
벗 붕	벗 우

붕우
벗

朋 友

丿 刀 月 月 朋 朋 朋 朋
一 ナ 方 友

朋黨(붕당)
정치적 당파
友情(우정)
친구 사이의 정

比	較
견줄 비	견줄 교

비교
서로 견주어 봄

比 較

一 上 上 比
亘 車 軒 軒 軒 軒 較 較

對比(대비)
서로 맞대어 비교함
較差(교차)
기온에 있어 최고와 최저의 차

悲	劇
슬플 비	심할 극

비극
불행한 사건

悲 劇

丿 ㇀ 刂 非 非 非 悲 悲 悲
亠 广 虍 虍 虍 豦 豦 劇 劇

喜悲(희비)
기쁨과 슬픔
寸劇(촌극)
아주 짧은 단편적인 연극

_______월 _______일

非 아닐 비	理 다스릴 리

비리
올바른 이치에서 어그러짐

非 理

丿 丿 丬 丬 非 非 非 非
王 玌 玾 玾 玾 理 理 理

非常(비상) 뜻밖의 긴급한 사태
理解(이해) 사리를 분별해 해석함

備 갖출 비	忘 잊을 망

비망
잊지 않게 하려는 준비

備 忘

亻 仁 仕 供 供 偌 備 備 備
亠 亡 亡 忘 忘 忘

具備(구비) 빠짐없이 다 갖춤
忘却(망각) 어떤 사실을 잊어버림

碑 비석 비	銘 새길 명

비명
비에 새긴 글

碑 銘

石 石' 矿 矿 砷 砷 砷 碑 碑
亼 金 釒 釸 釸 鈴 銘 銘

碑石(비석) 돌로 만든 비
銘心(명심) 마음에 깊이 새겨 둠

飛 날 비	上 윗 상

비상
높이 날아오름

飛 上

乁 乁 乁 乁 飛 飛 飛 飛 飛
丨 卜 上

飛躍(비약) 나는 듯이 높이 뛰어오름
祖上(조상) 이전의 모든 세대

______월 ______일

鼻 音

코 비 / 소리 음

비음

코가 막힌 듯이 내는 소리

鼻 音

鼻炎(비염)
코 안쪽 점막에 생기는 염증
音響(음향)
물체에서 나는 소리와 그 울림

肥 壯

살찔 비 / 장할 장

비장

몸집이 크고 힘이 셈

肥 壯

肥滿(비만)
살찌고 뚱뚱함
雄壯(웅장)
거대하고 성대함

祕 策

숨길 비 / 꾀 책

비책

숨긴 계책

祕 策

祕密(비밀)
알리지 말아야 할 일
對策(대책)
계획이나 수단

卑 賤

낮을 비 / 천할 천

비천

지위나 신분이 낮고 천함

卑 賤

卑怯(비겁)
비열하고 겁이 많음
賤待(천대)
천하게 대우하거나 푸대접함

______월 ______일

批 비평할 비	評 평할 평	頻 자주 빈	度 법도 도	貧 가난할 빈	弱 약할 약	氷 얼음 빙	河 물 하
비평 좋고 나쁨, 옳고 그름을 분석해서 논함		**빈도** 반복되는 횟수		**빈약** 보잘것없음		**빙하** 흘러내리는 얼음	
批	評	頻	度	貧	弱	氷	河

一 扌 扌 扌 扎 批 批
言 言 言 言 訂 訂 訂 評 評

批判(비판)
잘못된 점을 지적함
好評(호평)
좋은 평가

止 步 步 頻 頻 頻 頻 頻 頻
丶 一 广 广 庐 庐 庐 度 度

頻繁(빈번)
매우 잦음
態度(태도)
어떤 일을 대하는 마음가짐

八 分 分 贫 贫 貧 貧 貧 貧
コ 弓 弓 弓 弱 弱 弱 弱 弱

貧困(빈곤)
가난해서 살기가 어려움
脆弱(취약)
무르고 약함

亅 刁 氵 氺 氷
丶 丶 氵 汀 汀 河 河 河

薄氷(박빙)
근소한 차이
河川(하천)
강과 시내

_____월 _____일

事	件
일 사	물건 건

사건
뜻밖에 일어난 사고

一 厂 戸 彐 耳 耳 耳 事
丿 亻 亻 仁 件 件

事實(사실) 실제로 있었던 일
條件(조건) 갖추어야 할 상태나 요소

斯	界
이 사	지경 계

사계
해당되는 분야

卄 卄 甘 甘 其 其 斯 斯 斯
丨 口 日 田 田 界 界 界 界

斯文(사문) '유학자'를 높여 이르는 말
各界(각계) 사회의 각 분야

詐	欺
속일 사	속일 기

사기
남을 속임

言 言 言 言 言 訁 詐 詐 詐
卄 卄 甘 甘 其 其 欺 欺 欺

詐稱(사칭) 거짓으로 속여 이름
欺瞞(기만) 남을 속여 넘김

史	記
사기 사	기록할 기

사기
역사를 기록한 책

丨 口 口 史 史
言 言 言 言 言 言 記 記 記

歷史(역사) 인류 사회의 변천과 흥망의 과정
記錄(기록) 어떤 사실을 적음

舍 廊
집 사 / 사랑채 랑

사랑
손님을 접대하는 사랑채

舍 廊

丿 人 亼 亼 伞 全 舍 舍
广 广 庐 庐 廊 廊 廊 廊 廊

廳舍(청사)
관청의 사무실로 쓰는 건물
畫廊(화랑)
미술품을 진열해 놓은 방

沙 漠
모래 사 / 넓을 막

사막
넓은 모래벌판

沙 漠

丶 冫 氵 氵 沙 沙 沙
氵 氵 汁 浩 浩 漕 漠 漠 漠

沙果(사과)
사과나무의 열매
漠然(막연)
갈피를 잡을 수 없게 아득함

四 方
넉 사 / 모 방

사방
동, 서, 남, 북

四 方

丨 冂 冂 四 四
丶 亠 亡 方

四寸(사촌)
촌수의 하나
方法(방법)
수단이나 방식

私 費
사사 사 / 쓸 비

사비
개인이 지출하는 비용

私 費

一 二 千 禾 禾 私 私
弓 弗 弗 費 費 費 費 費 費

公私(공사)
공공의 일과 사사로운 일
費用(비용)
어떤 일을 하는 데 드는 돈

____월 ____일

射 殺

射 쏠 사 / 殺 죽일 살

사살
쏘아 죽임

射 殺

射擊(사격)
총, 대포, 활 등을 쏨
抹殺(말살)
아주 없애 버림

使 臣

使 하여금 사 / 臣 신하 신

사신
외국에 사절로
가는 신하

使 臣

使用(사용)
목적이나 기능에 맞게 씀
臣下(신하)
임금을 섬기어 벼슬하는 사람

賜 謁

賜 줄 사 / 謁 뵐 알

사알
임금이 신하에게
만날 기회를 줌

賜 謁

下賜(하사)
임금이나 윗사람이 물건을 줌
謁見(알현)
귀한 사람을 찾아가 뵘

邪 慾

邪 간사할 사 / 慾 욕심 욕

사욕
잘못된 욕망

邪 慾

邪惡(사악)
간사하고 악함
貪慾(탐욕)
지나치게 탐하는 욕심

_____월 _____일

寺	院
절 사	집 원

사원
종교의 교당

寺 院

一 十 土 圭 寺 寺
阝 阝 阝' 阝' 阝' 阝' 阝' 阝 院

山寺(산사)
산속에 있는 절
醫院(의원)
병원보다 작은 의료 기관

思	惟
생각 사	생각할 유

사유
대상을 두루
생각하는 일

思 惟

丨 冂 日 田 田 田 思 思 思
忄 忄 忄 忄 忄 忄 惟 惟 惟

思考(사고)
생각하고 궁리함
惟一(유일)
오직 하나밖에 없음

辭	典
말씀 사	법 전

사전
낱말을 모아서
해설한 책

辭 典

爫 爫 爫 爫 爫 爫 爫 辭 辭
丨 冂 日 由 曲 曲 典 典

辭職(사직)
맡은 직무를 내놓고 물러남
典型(전형)
모범이 될 만한 본보기

師	弟
스승 사	아우 제

사제
스승과 제자

師 弟

丨 户 户 自 自 訂 訂 師 師
丶 丷 弓 弓 弓 弟 弟

醫師(의사)
병을 진찰, 치료하는 사람
子弟(자제)
남을 높여 그의 아들을 이르는 말

_____월 _____일

寫	眞
베낄 사	참 진

사진
오랫동안 보존할 수 있게 만든 영상

寫: 宀 宀 宀 宀 宀 宀 宀 宀 寫
眞: 匕 卢 肻 肻 肻 眞 眞 眞 眞

描寫(묘사)
대상을 서술이나 그림으로 표현함
眞實(진실)
거짓이 없는 사실

死	活
죽을 사	살 활

사활
중대한 문제

死: 一 厂 歹 歹 歹 死
活: 丶 丶 氵 氵 氵 汘 汘 活 活

生死(생사)
삶과 죽음
活動(활동)
몸을 움직여 행동함

司	會
맡을 사	모일 회

사회
회의나 예식을 진행함

司: 𠃌 ㇆ 彐 司 司
會: 人 人 人 人 人 會 會 會 會

上司(상사)
벼슬이나 지위가 위인 사람
機會(기회)
적절한 시기

削	髮
깎을 삭	터럭 발

삭발
머리털을 아주 짧게 깎음

削: 丨 丬 小 肖 肖 肖 肖 削 削
髮: 镸 镸 镸 髟 髟 髟 髟 髮 髮

削減(삭감)
깎아서 줄임
間髮(간발)
아주 잠시

______월 ______일

朔	日
초하루 삭	날 일

삭일
매달 음력 초하루날

朔 日

丷 䒑 𠀉 屰 朔 朔 朔 朔 朔
丨 冂 日 日

朔風(삭풍)
겨울철에 불어오는 북풍
日程(일정)
그날 해야 할 일

散	漫
흩을 산	흩어질 만

산만
어수선해서
질서가 없음

散 漫

散 散 散 散 散 散 散 散 散
漫 漫 漫 漫 漫 漫 漫 漫 漫

散策(산책)
천천히 걷는 일
放漫(방만)
제멋대로 풀어져 있음

山	岳
메 산	큰 산 악

산악
높고 험준하게
솟은 산들

山 岳

丨 山 山
岳 岳 岳 岳 岳 岳 岳 岳

登山(등산)
산에 오름
峻岳(준악)
높고 험한 산

三	輪
석 삼	바퀴 륜

삼륜
세 개의 바퀴

三 輪

一 二 三
輪 輪 輪 輪 輪 輪 輪 輪 輪

三伏(삼복)
초복, 중복, 말복
輪廓(윤곽)
대체적인 줄거리

_____월 _____일

桑 뽕나무 상	科 과목 과	嘗 맛볼 상	味 맛 미	相 서로 상	逢 만날 봉	喪 잃을 상	失 잃을 실

상과
뽕나무과 식물

상미
맛을 봄

상봉
서로 만남

상실
아주 없어지거나 사라짐

桑 科 嘗 味 相 逢 喪 失

桑根(상근) 뽕나무의 뿌리
學科(학과) 학술의 분과

品嘗(품상) 임금에게 드릴 음식을 미리 맛봄
意味(의미) 말이나 글의 뜻

相談(상담) 문제 해결을 위해 의논함
逢着(봉착) 어떤 처지나 상태에 부닥침

喪中(상중) 상제의 몸으로 있는 동안
失敗(실패) 뜻한 대로 되지 않음

_______월 _______일

象	牙
코끼리 상	어금니 아

상아
코끼리의 엄니

象 牙

⺈ ⺈ 𠂊 ... 象
一 ㄷ 牙 牙

對象(대상)
어떤 일의 목표나 목적이 되는 것
齒牙(치아)
'이'를 점잖게 이르는 말

祥	雲
상서 상	구름 운

상운
상서로운 구름

祥 雲

亍 礻 礻 祥
雲

祥瑞(상서)
복되고 길한 일이 일어날 조짐
雲集(운집)
많은 사람이 모여듦

商	店
장사 상	가게 점

상점
물건을 파는 곳

商 店

亠 亠 产 产 丙 丙 商 商 商
丶 亠 广 广 庐 庐 店 店

商人(상인)
장사를 직업으로 하는 사람
飯店(반점)
중국 음식을 파는 대중 음식점

狀	況
형상 상	상황 황

상황
일이 되어 가는
과정이나 형편

狀 況

丨 丬 丬 爿 爿 狀 狀
丶 冫 氵 氵 沪 沪 況

實狀(실상)
실제의 상태
近況(근황)
최근의 형편

_____월 _____일

色	彩
빛 색	채색 채

색채
빛깔

色 彩

ノ ク 夕 名 乌 色
ˊ ˊ ˊ 平 乎 采 采 彩 彩

名色(명색)
허울만 좋은 이름
彩色(채색)
그림에 색을 칠함

生	鮮
날 생	고울 선

생선
잡은 신선한 물고기

生 鮮

ノ ㅏ 仁 牛 生
⺈ 各 角 角 魚 魚 魚 鮮 鮮

生辰(생신)
'생일'을 높여 이르는 말
新鮮(신선)
새롭고 산뜻함

書	架
글 서	시렁 가

서가
여러 단으로 된
책꽂이

書 架

ㄱ ⺕ 聿 聿 圭 書 書 書 書
ㄱ 力 加 加 加 加 架 架 架

讀書(독서)
책을 읽음
高架(고가)
높이 설치한 도로

逝	去
갈 서	갈 거

서거
죽어서 세상을 떠남

逝 去

扌 扌 扩 扩 折 折 浙 浙 逝
一 十 土 去 去

逝川(서천)
한번 가면 돌아오지 못함
去就(거취)
어디로 가거나 하는 움직임

월 일

署名
署 마을 서 / 名 이름 명

서명
이름을 써넣음

署 名

罒 罒 罒 罡 罢 罯 署 署 署
丿 夕 夕 夕 名 名

部署(부서)
사무의 각 부문
有名(유명)
이름이 널리 알려져 있음

庶民
庶 여러 서 / 民 백성 민

서민
일반 사람

庶 民

广 广 庐 庐 庐 庐 庐 庶 庶
乛 ㇇ 尸 巳 民

庶子(서자)
양반과 양민 여성 사이의 아들
住民(주민)
일정한 지역에 살고 있는 사람

敍述
敍 펼 서 / 述 펼 술

서술
사건이나 생각을
차례대로 말함

敍 述

亼 亼 亽 全 余 余 余 敍 敍
一 十 才 木 朮 朮 沭 沭 述

敍事(서사)
사실을 있는 그대로 적음
陳述(진술)
구술 또는 서면으로 알리는 일

西村
西 서녘 서 / 村 마을 촌

서촌
서쪽 마을

西 村

一 厂 丙 丙 西 西
一 十 才 木 木 村 村

西海(서해)
서쪽에 있는 바다
村落(촌락)
시골의 작은 마을

_____월 _____일

徐	行
천천히 할 서	다닐 행

서행
천천히 감

徐 行

丿 彳 彳 彴 彸 徐 徐 徐 徐
丿 彳 彳 行 行 行

安徐(안서)
잠시 보류함
旅行(여행)
다른 고장이나 외국에 가는 일

選	擧
가릴 선	들 거

선거
대표자나 임원을
뽑는 일

選 擧

選擇(선택)
여럿 가운데서 골라 뽑음
薦擧(천거)
소개하거나 추천함

先	輩
먼저 선	무리 배

선배
자기보다
앞선 사람

先 輩

丿 𠂉 ⺧ 生 生 先

先祖(선조)
먼 윗대의 조상
後輩(후배)
늦게 종사하게 된 사람

宣	誓
베풀 선	맹세할 서

선서
여럿 앞에서
맹세함

宣 誓

丶 丶 宀 宀 宁 宣 宣 宣 宣

宣布(선포)
세상에 널리 알림
誓約(서약)
맹세하고 약속함

_____월 _____일

涉 獵

건널 섭 / 사냥 렵

섭렵
많은 책을 널리 읽거나 여러 경험을 함

涉 獵

氵 氵 氵 氵 氵 氵 汫 泔 涉
犭 犭 獵 獵 獵 獵 獵 獵

交涉(교섭)
서로 의논하고 절충함
密獵(밀렵)
허가를 받지 않고 몰래 사냥함

攝 取

다스릴 섭 / 가질 취

섭취
영양분을 빨아들임

攝 取

扌 扫 扫 揖 揖 揖 揖 攝 攝
一 丅 F F E 耳 取 取

包攝(포섭)
자기편으로 감싸 끌어들임
取得(취득)
자기 것으로 만들어 가짐

性 格

성품 성 / 격식 격

성격
개인 고유의 성질이나 품성

性 格

丶 丶 忄 忄 忄 忙 性 性
十 才 木 杉 杉 杦 杦 格 格

性質(성질)
마음의 본바탕
合格(합격)
자격이나 지위를 얻음

成 功

이룰 성 / 공 공

성공
목적을 이룸

成 功

丿 厂 厂 万 成 成 成
一 丅 工 玎 功

成就(성취)
목적한 바를 이룸
功勞(공로)
들인 노력과 수고

_______월 _______일

城 성 성	郭 둘레 곽
성곽 내성과 외성	

長城(장성) 길게 둘러쌓은 성
外郭(외곽) 바깥 테두리

聖 성인 성	哲 밝을 철
성철 명철한 사람	

神聖(신성) 고결하고 거룩함
哲學(철학) 학문 분야 중 하나

歲 해 세	暮 저물 모
세모 한 해가 끝날 무렵	

年歲(연세) '나이'의 높임말
一暮(일모) 하루의 해 질 무렵

世 인간 세	襲 엄습할 습
세습 대대로 물려주고 물려받음	

世俗(세속) 사람이 살고 있는 모든 사회
踏襲(답습) 전해 온 방식을 그대로 행함

_____월 _____일

洗 씻을 세	濯 씻을 탁	細 가늘 세	胞 세포 포	騷 떠들 소	亂 어지러울 란	蘇 되살아날 소	聯 연이을 련
세탁 옷을 빠는 일		**세포** 생물체를 이루는 기본 단위		**소란** 시끄럽고 어수선함		**소련** 소비에트 사회주의 공화국 연방	
洗	濯	細	胞	騷	亂	蘇	聯

洗手(세수) 손이나 얼굴을 씻음
濯足(탁족) 발을 씻음

細心(세심) 꼼꼼하고 빈틈이 없음
僑胞(교포) 외국에 살고 있는 동포

騷音(소음) 불쾌하고 시끄러운 소리
混亂(혼란) 어지럽고 질서가 없음

蘇生(소생) 다시 살아남
聯合(연합) 서로 합동해서 조직체를 만듦

월 일

素 본디 소	朴 순박할 박
소박 꾸밈이나 거짓이 없음	
素	朴

ㅡ 𠀆 𡈼 丰 𡗗 𡘙 𡘞 素 素
一 十 才 木 朴 朴

平素(평소) 특별한 일이 없는 보통 때
淳朴(순박) 순수하며 인정이 두터움

消 사라질 소	費 쓸 비
소비 써서 없앰	
消	費

丶 氵 氵 氵 氵 氵 消 消 消
弓 弗 弗 弗 費 費 費 費 費

解消(해소) 문제가 되는 상태를 해결함
浪費(낭비) 헛되이 헤프게 씀

昭 밝을 소	詳 자세할 상
소상 분명하고 자세함	
昭	詳

丨 冂 日 日 日 日 昭 昭 昭
言 言 言 言 言 詳 詳 詳 詳

昭明(소명) 사리를 분간함이 밝고 똑똑함
詳細(상세) 낱낱이 자세함

小 작을 소	說 말씀 설
소설 산문체의 문학 양식	
小	說

亅 小 小
言 言 言 言 訁 訁 訁 訁 說

小小(소소) 작고 대수롭지 않음
傳說(전설) 전해 내려오는 이야기

_____월 _____일

訴	訟
호소할 소	송사할 송

소송
재판을 겸

訴 訟

抗訴(항소)
불복해서 상소함
訟事(송사)
소송하는 일

所	謂
바 소	이를 위

소위
이른바

所 謂

所望(소망)
어떤 일을 바람
可謂(가위)
한마디의 말로 이르자면

疏	忽
소통할 소	갑자기 홀

소홀
데면데면함

疏 忽

疏通(소통)
막히지 않고 잘 통함
忽待(홀대)
소홀히 대접함

召	還
부를 소	돌아올 환

소환
불러들이는 일

召 還

召集(소집)
구성원을 불러서 모음
還收(환수)
도로 거두어들임

월 일

速 讀
速 빠를 속 / 讀 읽을 독

속독
빠른 속도로 읽음

速 讀

一 口 市 束 束 束 涑 涑 速
言 言 訁 訁 訁 讀 讀 讀 讀

迅速(신속)
매우 날쌔고 빠름
精讀(정독)
뜻을 새기며 자세히 읽음

粟 米
粟 조 속 / 米 쌀 미

속미
좁쌀

粟 米

一 襾 襾 襾 襾 覀 粟 粟 粟
丶 丷 ㅛ 半 米 米

粟餠(속병)
좁쌀로 만든 떡
白米(백미)
흰쌀

損 財
損 덜 손 / 財 재물 재

손재
재물을 잃어버림

損 財

扌 扌 扌 捐 捐 捐 損 損 損
冂 目 目 目 貝 貝 貝 財 財

缺損(결손)
어느 부분이 없거나 불완전함
財産(재산)
재화와 자산

修 交
修 닦을 수 / 交 사귈 교

수교
나라와 나라 사이에
교제를 맺음

修 交

亻 亻 亻 亻 攸 攸 修 修 修
亠 亠 六 六 交 交

修理(수리)
고장 난 데를 손보아 고침
交流(교류)
서로 주고받음

월 일

需 給
쓰일 수 / 줄 급

수급
수요와 공급

需 給

一 币 雨 雨 雫 雫 雩 需 需
纟 糹 糹 糹 紒 紒 給 給 給

婚需(혼수)
혼인에 드는 물품
供給(공급)
물품 등을 제공함

秀 麗
빼어날 수 / 고울 려

수려
빼어나게 아름다움

秀 麗

一 二 千 千 禾 秀 秀
一 丽 严 严 严 麗 麗 麗 麗

優秀(우수)
여럿 가운데 뛰어남
華麗(화려)
빛나고 아름다움

首 領
머리 수 / 거느릴 령

수령
무리의 우두머리

首 領

丶 丷 䒑 䒑 产 首 首 首 首
令 令 邻 領 領 領 領 領 領

元首(원수)
임금 또는 대통령
領土(영토)
국가의 통치권이 미치는 구역

隨 伴
따를 수 / 짝 반

수반
어떤 일과
더불어 생김

隨 伴

阝 阝 隋 隋 隋 隋 隋 隋 隨
丿 亻 亻 亻 仁 伫 伴

隨筆(수필)
산문 형식의 글
伴侶(반려)
짝이 되는 동무

_______월 _______일

搜 索
찾을 수 / 찾을 색

수색
구석구석 뒤지어 찾음

搜 索

扌 扌 扌 扌 扌 扌 扌 搜 搜
十 十 十 十 壶 壶 壶 索 索

搜檢(수검)
수색해서 검사함
摸索(모색)
방법과 돌파구를 이리저리 찾음

授 受
줄 수 / 받을 수

수수
물품을 주고받음

授 受

扌 扌 扌 扌 扌 扌 扌 授 授
一 ⺌ ⺌ ⺌ ⺌ 爫 爫 受 受

授與(수여)
증서, 상장, 훈장 등을 줌
接受(접수)
받아들임

收 拾
거둘 수 / 주울 습

수습
거두어 정돈함

收 拾

丨 丩 丩 丩 收 收
一 十 扌 扌 扌 扌 拾 拾 拾

收穫(수확)
곡식을 거두어들임
拾得(습득)
주워서 얻음

雖 然
비록 수 / 그럴 연

수연
그렇지만

雖 然

口 吕 虽 虽 虽 虽 虽 雖 雖
夕 夕 夕 外 外 外 然 然 然

雖貝(수패)
바다에서 나는 조개 중 하나
自然(자연)
천연 그대로의 상태

월 일

壽 宴
목숨 수 잔치 연

수연
환갑잔치

壽 宴

長壽(장수)
오래도록 삶
宴會(연회)
여러 사람이 모여 베푸는 잔치

誰 何
누구 수 어찌 하

수하
어떤 사람

誰 何

誰某(수모)
아무개
何必(하필)
어찌하여 꼭

淑 女
맑을 숙 여자 녀

숙녀
현숙한 여자

淑 女

貞淑(정숙)
행실이 곧고 마음씨가 맑음
少女(소녀)
어린 여자아이

熟 練
익을 숙 익힐 련

숙련
능숙하게 익힘

熟 練

熟眠(숙면)
곤하게 깊이 자는 잠
洗練(세련)
말쑥하고 품위가 있음

____월 ____일

叔 母
아저씨 숙 / 어머니 모

숙모
아버지 동생의 아내

叔 母

ㅣ ⺊ 上 于 赤 赤 扫 叔
ㄴ 口 口 母 母

叔父(숙부)
아버지의 남동생
媤母(시모)
시어머니

宿 泊
잘 숙 / 머무를 박

숙박
잠을 자고 머무름

宿 泊

宀 宀 宀 宀 宀 宿 宿 宿 宿
丶 丶 氵 氵 氵 泊 泊 泊

宿題(숙제)
학생들에게 내 주는 과제
外泊(외박)
밖에 나가 잠

孰 若
누구 숙 / 같을 약

숙약
어느 쪽인가

孰 若

亠 亠 亠 亨 亨 享 享 孰 孰
一 十 艹 艹 艹 芊 芊 若 若

孰能(숙능)
누가 감히 할 수 있겠는가
若干(약간)
얼마 되지 않음

純 綿
순수할 순 / 솜 면

순면
다른 것이
섞여 있지 않은 면

純 綿

幺 幺 糸 糸 糸 紅 紅 紅 純
糸 糸 糸 約 約 約 約 綿 綿

純粹(순수)
다른 것의 섞임이 없음
綿棒(면봉)
끝에 솜을 붙인 가느다란 막대

_____월 _____일

瞬 息

깜짝일 **순** / 쉴 **식**

순식
아주 짧은 동안

瞬 息

一瞬(일순)
아주 짧은 시간
消息(소식)
사정을 알리는 말이나 글

脣 音

입술 **순** / 소리 **음**

순음
두 입술 사이에서 나는 소리

脣 音

口脣(구순)
입과 입술
發音(발음)
음성을 냄

順 應

순할 **순** / 응할 **응**

순응
적응해서 익숙해짐

順 應

順順(순순)
매우 고분고분하고 온순함
對應(대응)
어떤 일에 맞추어 태도를 취함

殉 葬

따라 죽을 **순** / 장사지낼 **장**

순장
딸려 함께 묻는 일

殉 葬

殉國(순국)
나라를 위해 목숨을 바침
葬禮(장례)
장사를 지내는 일

_____월 _____일

巡	察
돌 순	살필 찰

순찰
돌아다니며 사정을 살핌

巡 察

巡 巡 巡 巡 巡 巡 巡
察 察 察 察 察 察 察 察 察

巡廻(순회)
여러 곳을 돌아다님
省察(성찰)
자기 마음을 반성하고 살핌

循	環
돌 순	고리 환

순환
자꾸 되풀이해서 돎

循 環

循次(순차)
차례를 좇음
一環(일환)
여러 것 가운데 한 부분

崇	拜
높을 숭	절 배

숭배
우러러 공경함

崇 拜

崇高(숭고)
뜻이 높고 고상함
歲拜(세배)
정초에 웃어른께 인사로 하는 절

濕	潤
젖을 습	불을 윤

습윤
습기가 많은 느낌이 있음

濕 潤

濕氣(습기)
젖은 듯한 기운
潤滑(윤활)
뻑뻑하지 않고 매끄러움

____월 ____일

昇	級
오를 승	등급 급

승급
급수나 등급이 오름

昇 級

昇進(승진)
직위의 등급이나 계급이 오름
等級(등급)
여러 층으로 구분한 단계

僧	舞
중 승	춤출 무

승무
우리나라
민속춤의 하나

僧 舞

僧家(승가)
'절'을 달리 이르는 말
群舞(군무)
여럿이 어우러져 추는 춤

勝	負
이길 승	질 부

승부
이김과 짐

勝 負

勝利(승리)
겨루어 이김
負擔(부담)
의무나 책임을 짐

乘	船
탈 승	배 선

승선
배를 탐

乘 船

便乘(편승)
남의 차편을 얻어 탐
造船(조선)
배를 설계해 만듦

_______월 _______일

視	線
볼 시	줄 선

시선
눈이 가는 길

視 線

監視(감시)
단속하기 위해 주의 깊게 살핌
路線(노선)
정기적으로 오가는 교통선

施	設
베풀 시	베풀 설

시설
도구, 기계 등을
설치함

施 設

施行(시행)
실제로 행함
設定(설정)
새로 만들어 정해 둠

侍	醫
모실 시	의원 의

시의
임금과 왕족의
진료를 맡은 의사

侍 醫

侍從(시종)
임금을 모시던 벼슬 중 하나
醫藥(의약)
병을 고치는 데 쓰는 약

始	初
비로소 시	처음 초

시초
맨 처음

始 初

始動(시동)
처음으로 움직이기 시작함
最初(최초)
맨 처음

___월 ___일

試驗
試 시험 시 / 驗 시험 험

시험
검사하고 평가하는 일

試 驗

訁 訁 訁 訁 訁 訁 訁 試 試
馬 馬 馬 馬 驗 驗 驗 驗 驗

試圖(시도)
이루어 보려고 계획하거나 행동함
經驗(경험)
실제로 해 보거나 겪어 봄

食糧
食 밥 식 / 糧 양식 량

식량
먹을거리

食 糧

丿 人 人 今 今 今 食 食 食
米 米 糧 糧 糧 糧 糧 糧 糧

間食(간식)
끼니 사이에 먹는 음식
糧食(양식)
생존을 위해 필요한 먹을거리

植樹
植 심을 식 / 樹 나무 수

식수
나무를 심음

植 樹

木 木 木 木 植 植 植 植 植
木 木 桔 桔 桔 桔 桔 樹 樹

移植(이식)
옮겨 심음
果樹(과수)
열매를 얻기 위해 가꾸는 나무

辛苦
辛 매울 신 / 苦 쓸 고

신고
어려운 일을 당해 몹시 애씀

辛 苦

亠 亠 立 立 立 辛 辛
一 十 十 艹 艹 苹 苹 苦 苦

辛辣(신랄)
매우 날카롭고 예리함
苦痛(고통)
괴로움과 아픔

_____월 _____일

新	郎
새 신	사내 랑

신랑
갓 결혼한 남자

新 郎

亠 亡 辛 辛 亲 亲 新 新 新
ㄱ ㅋ ㅋ 自 自 良 良 郎 郎

新婦(신부)
갓 결혼한 여자
花郎(화랑)
신라 때의 청소년 수양 단체

神	仙
귀신 신	신선 선

신선
도를 닦은
상상의 사람

神 仙

二 亍 示 示 和 和 和 和 神
丿 亻 仆 仙 仙

精神(정신)
영혼이나 마음
仙女(선녀)
하늘에 산다는 여자 신선

晨	星
새벽 신	별 성

신성
샛별

晨 星

冂 日 旦 尸 尸 晨 晨 晨 晨
丨 冂 日 日 尸 旦 旦 星 星

晨夕(신석)
새벽과 저녁
流星(유성)
별똥별

信	仰
믿을 신	우러를 앙

신앙
믿고 받드는 일

信 仰

丿 亻 仁 仁 仨 信 信 信 信
丿 亻 亻 仰 仰 仰

信念(신념)
굳게 믿는 마음
推仰(추앙)
높이 받들어 우러러봄

_____월 _____일

伸	張
펼 신	베풀 장

신장
세력이나 권리가 늘어남

丿 亻 亻 仴 伯 伸 伸
ㄱ 弓 弓 弡 弫 弫 張 張 張

伸縮(신축) 늘어남과 줄어듦
誇張(과장) 사실보다 불려서 나타냄

申	請
거듭 신	청할 청

신청
청구함

丨 冂 日 日 申
訁 訁 訁 詰 詰 請 請 請 請

申申(신신) 여러 번 다짐하는 모양
請求(청구) 달라고 요구함

實	踐
열매 실	밟을 천

실천
실제로 행함

宀 宀 宀 宀 宀 實 實 實 實
口 ⻊ 𧾷 𧾷 踐 踐 踐 踐 踐

誠實(성실) 정성스럽고 참됨
踐踏(천답) 발로 짓밟음

深	刻
깊을 심	새길 각

심각
상태가 매우 깊고 중대함

氵 氵 氵 氵 氵 氵 㴱 㴱 深
丶 亠 亠 亥 亥 亥 刻 刻

甚深(심심) 매우 깊고 간절함
時刻(시각) 시간의 어느 한 시점

尋 常

찾을 심 / 항상 상

심상
대수롭지 않고 예사로움

尋 常

推尋(추심)
찾아내어 가지거나 받아 냄
恒常(항상)
언제나 변함없이

心 肺

마음 심 / 허파 폐

심폐
심장과 폐

心 肺

熱心(열심)
어떤 일에 정신을 집중하는 일
肺腑(폐부)
마음의 깊은 속

雙 峯

두 쌍 / 봉우리 봉

쌍봉
두 개의 봉우리

雙 峯

雙璧(쌍벽)
우열을 가리기 어려운 둘
主峯(주봉)
산맥 가운데 가장 높은 봉우리

亞 鉛

버금 아 / 납 연

아연
금속의 한 가지

亞 鉛

亞流(아류)
둘째가는 사람이나 사물
鉛筆(연필)
필기도구의 하나

월 일

樂	器
노래 악	그릇 기

악기
음악 기구

樂 器

樂譜(악보)
음악의 곡조를 기록한 것
武器(무기)
전쟁에 사용되는 기구

惡	臭
악할 악	냄새 취

악취
나쁜 냄새

惡 臭

善惡(선악)
착한 것과 악한 것
脫臭(탈취)
냄새를 빼어 없앰

眼	鏡
눈 안	거울 경

안경
눈 보호와 시력을 돕기 위한 기구

眼 鏡

慧眼(혜안)
사물을 꿰뚫어 보는 안목
水鏡(수경)
물안경

案	內
책상 안	안 내

안내
소개해서 알려 줌

案 內

提案(제안)
의견으로 내놓음
室內(실내)
방이나 건물의 안

_____월 _____일

安寧
安 편안 안 / 寧 편안할 녕

안녕
아무 탈 없이 편안함

安 寧

便安(편안)
편하고 걱정 없이 좋음
康寧(강녕)
건강하고 마음이 편안함

顔面
顔 낯 안 / 面 낯 면

안면
얼굴. 친분

顔 面

龍顔(용안)
임금의 얼굴
面接(면접)
서로 대면해서 만나 봄

暗誦
暗 어두울 암 / 誦 외울 송

암송
입으로 욈

暗 誦

暗示(암시)
넌지시 알림
稱誦(칭송)
훌륭한 것을 잊지 않고 일컬음

巖穴
巖 바위 암 / 穴 구멍 혈

암혈
바위에 뚫린 굴

巖 穴

巖盤(암반)
바위로 이루어진 지반
經穴(경혈)
경맥에 속해 있는 혈

_____월 _____일

押韻

押 누를 압 / 韻 운 운

압운
시행의 일정한 곳에 운을 다는 일

押 韻

一 十 才 扌 扣 扣 押 押

音 音 音 韻 韻 韻 韻 韻 韻

押收(압수)
강제로 빼앗음
餘韻(여운)
남아 있는 운치

愛犬

愛 사랑 애 / 犬 개 견

애견
사랑하는 개

愛 犬

爫 爫 爫 爫 爫 爫 爫 爫 愛

一 ナ 大 犬

愛情(애정)
사랑하는 마음
軍犬(군견)
군사적 목적으로 훈련을 시킨 개

哀惜

哀 슬플 애 / 惜 아낄 석

애석
슬프고 아까움

哀 惜

丶 亠 亠 亠 亠 亠 亠 亠 哀

忄 忄 忄 忄 忄 惜 惜 惜 惜

哀悼(애도)
사람의 죽음을 슬퍼함
惜敗(석패)
약간의 점수 차이로 아깝게 짐

厄運

厄 액 액 / 運 옮길 운

액운
액을 당할 운수

厄 運

一 厂 厅 厄

冖 冖 冖 冖 軍 軍 渾 渾 運

災厄(재액)
재앙으로 인한 불운
運轉(운전)
기계나 자동차를 움직여 부림

월 일

藥 약 약	局 판 국
약국 약을 조제하거나 파는 곳	
藥	局

艹 甘 苜 藋 藋 藋 藋 蕐 藥
ㄱ ㅋ 尸 月 局 局 局

藥師(약사)
약에 관한 일을 맡아보는 사람
當局(당국)
어떤 일을 담당하는 기관

掠 노략질할 략	奪 빼앗을 탈
약탈 폭력을 써서 억지로 빼앗음	
掠	奪

扌 扌 扩 扩 拧 拧 拧 掠 掠
大 木 夻 奞 奞 奞 奪 奪 奪

侵掠(침략)
쳐들어가서 약탈함
奪還(탈환)
빼앗겼던 것을 도로 빼앗음

養 기를 양	豚 돼지 돈
양돈 돼지를 먹여 기름	
養	豚

⺶ 兰 关 美 羔 眷 眷 養 養
月 月 肝 肝 肟 肟 豚 豚 豚

涵養(함양)
능력을 길러 쌓거나 갖춤
豚舍(돈사)
돼지를 가두어 기르는 곳

陽 볕 양	曆 책력 력
양력 '태양력'의 준말	
陽	曆

阝 阝 阳 阳 阻 阻 陽 陽 陽
厂 厈 厈 厯 厯 厯 曆 曆 曆

陰陽(음양)
서로 반대되는 두 가지 기운
陰曆(음력)
'태음력'의 준말

_____월 _____일

楊	柳
버들 양	버들 류

양류
버드나무속의 식물

楊 柳

木 杆 枵 枵 梠 梠 楊 楊 楊
一 十 才 木 朩 杒 杒 柳 柳

水楊(수양)
갯버들
柳花(유화)
버드나무의 꽃

羊	毛
양 양	터럭 모

양모
양의 털

羊 毛

丶 丷 䒑 ⺷ 兰 羊
一 二 三 毛

山羊(산양)
염소, 솟과의 포유류
毛髮(모발)
사람의 몸에 난 털

良	心
어질 량	마음 심

양심
도덕적 의식

良 心

丶 ㇇ ㇇ 㫐 良 良 良
丿 心 心 心

閑良(한량)
돈 잘 쓰고 잘 노는 사람
疑心(의심)
믿지 못하는 마음

洋	銀
큰 바다 양	은 은

양은
구리, 아연,
니켈 등의 합금

洋 銀

丶 丶 氵 氵 氵 泮 泮 泮 洋
𠂉 𠂉 金 釒 釒 釒 鉅 鉅 銀

海洋(해양)
넓고 큰 바다
金銀(금은)
금과 은

_____월 _____일

諒 解

諒 살필 량 / 解 풀 해

양해
너그러이 받아들임

諒 解

諒知(양지)
살피어 앎
誤解(오해)
그릇된 해석이나 이해

於 焉

於 어조사 어 / 焉 어찌 언

어언
벌써. 어느새

於 焉

於音(어음)
돈을 치르겠다는 약속을 적은 표
焉敢(언감)
어찌 감히

魚 貝

魚 물고기 어 / 貝 조개 패

어패
물고기와 조개

魚 貝

文魚(문어)
문어과의 연체동물
貝塚(패총)
원시 시대의 조개더미

漁 港

漁 고기 잡을 어 / 港 항구 항

어항
고깃배가
정박하는 항구

漁 港

漁船(어선)
고기잡이를 하는 배
港口(항구)
부두를 설비한 곳

_____월 _____일

抑 壓
抑 누를 억 / 壓 누를 압

억압
억지로 억누름

一 十 扌 扌 扌 扣 抑
一 厂 厈 厈 厈 厭 厭 厭 壓

抑制(억제)
억눌러 제지함
壓倒(압도)
남을 눌러 꼼짝 못 하게 함

億 丈
億 억 억 / 丈 어른 장

억장
가슴을 속되게
이르는 말

亻 亻 亻 伫 伫 倍 偣 億 億
一 ナ 丈

億劫(억겁)
무한하게 오랜 시간
丈夫(장부)
다 자란 씩씩한 남자

言 語
言 말씀 언 / 語 말씀 어

언어
생각, 느낌을 소리나
글자로 나타내는 수단

一 二 三 三 言 言 言
言 言 訂 訂 訂 語 語 語 語

言論(언론)
사실을 밝혀 알리는 일
語錄(어록)
위인들이 한 말을 모은 기록

嚴 禁
嚴 엄할 엄 / 禁 금할 금

엄금
엄하게 금지함

吅 严 严 严 严 严 嚴 嚴
木 朩 林 林 林 埜 埜 禁 禁

嚴格(엄격)
매우 엄하고 철저함
禁止(금지)
하지 못하도록 함

業	績	餘	暇	旅	館	與	黨
업 업	길쌈할 적	남을 여	틈 가	나그네 려	집 관	줄 여	무리 당

업적
이룩해 놓은 성과

여가
남은 시간

여관
손님을 묵게 하는 집

여당
현재 정권을 잡고 있는 정당

授業(수업) 지식이나 기능을 가르쳐 줌
成績(성적) 결과로 얻은 실적

餘裕(여유) 넉넉하고 남음이 있음
病暇(병가) 병으로 얻는 휴가

旅客(여객) 여행하는 사람
公館(공관) 고위 관리가 공적으로 쓰는 저택

寄與(기여) 도움이 되도록 이바지함
野黨(야당) 현재 정권을 잡고 있지 않은 정당

_______월 _______일

輿	論
수레 여	논할 론

여론
대중의 공통된 의견

輿 論

丨 𠂉 𦥑 ... 輿
言 訁 訡 訡 訡 訡 論 論 論

喪輿(상여)
시체를 묘지까지 나르는 도구
討論(토론)
각각 의견을 말하며 논의함

予	曰
나 여	가로 왈

여왈
내게 말하기를

予 曰

フ マ 𠄐 予
丨 冂 日 曰

予奪(여탈)
주는 일과 빼앗는 일
或曰(혹왈)
어떤 사람이 말하는 바

余	月
나 여	달 월

여월
음력 4월

余 月

丿 人 亼 亼 今 佘 余
丿 月 月 月

余等(여등)
우리들
明月(명월)
밝은 달

汝	矣
너 여	어조사 의

여의
너의

汝 矣

丶 冫 氵 汄 汝 汝
厶 厶 ... 矣

汝輩(여배)
너희들
皇矣曲(황의곡)
조선 시대의 악곡 이름

______월 ______일

如	此
같을 여	이 차

여차
이와 같음

如 此

丿 女 女 如 如 如
丨 卜 止 止 止 此

缺如(결여)
빠져서 없거나 모자람
此後(차후)
지금부터 이후

驛	舍
역 역	집 사

역사
역으로 쓰는 건물

驛 舍

驛站(역참)
조선 시대의 교통·통신 기관
舍宅(사택)
기업체나 기관에서 지은 살림집

亦	是
또 역	이 시

역시
마찬가지로

亦 是

丶 亠 亣 亦 亦 亦

此亦(차역)
이것도 역시
是非(시비)
옳음과 그름

逆	賊
거스를 역	도둑 적

역적
자기 나라나
통치자를 반역한 사람

逆 賊

莫逆(막역)
허물이 없이 아주 친함
海賊(해적)
배를 습격하는 강도

連 繫
잇닿을 련 / 맬 계

연계
어떤 것과 관련해
관계를 맺음

連 繫

冂 冃 百 亘 車 車 連 連 連
亘 車 軎 毄 毄 毄 繫 繫 繫

連續(연속)
죽 이어지거나 지속함
繫留(계류)
붙잡아 매어 놓음

緣 故
인연 연 / 연고 고

연고
일의 까닭

緣 故

纟 糸 糹 紀 絼 緣 緣 緣 緣
一 十 十 古 古 古 古 故 故

因緣(인연)
맺어지는 관계
故意(고의)
일부러 하는 생각이나 태도

蓮 根
연꽃 련 / 뿌리 근

연근
연꽃의 뿌리줄기

蓮 根

艹 苩 菅 菅 萓 蓮 蓮 蓮 蓮
十 木 木 杩 杩 杩 根 根 根

紅蓮(홍련)
붉은 연꽃
根源(근원)
근본이나 원인

演 壇
펼 연 / 단 단

연단
연설이나
강의를 하는 단

演 壇

氵 氵 氵 汸 泞 渖 演 演 演
土 圹 坾 埍 埴 墡 壇 壇 壇

演劇(연극)
배우가 관객에게 보이는 무대 예술
壇上(단상)
교단이나 강단의 위

____월 ____일

軟 연할 연 **豆** 콩 두

연두
연두색

研 갈 연 **磨** 갈 마

연마
갈고 닦음

戀 그리워할 련 **慕** 그릴 모

연모
간절히 그리워함

煙 연기 연 **霧** 안개 무

연무
연기와 안개

柔軟(유연)
부드럽고 연함
豆腐(두부)
콩으로 만든 식품의 하나

研修(연수)
학문 등을 연구하고 닦음
磨耗(마모)
닳아서 없어짐

悲戀(비련)
슬프게 끝나는 사랑
追慕(추모)
죽은 사람을 그리며 생각함

吸煙(흡연)
담배를 피움
雲霧(운무)
구름과 안개

_____월 _____일

燕尾
燕 제비 연 / 尾 꼬리 미

연미
제비의 꼬리

燕 尾

艹 廿 甘 甘 茈 燕 燕 燕 燕
ㄱ ㅋ 尸 尸 屄 尾 尾

燕京(연경)
중국 베이징의 옛 이름
末尾(말미)
맨 끄트머리

憐憫
憐 불쌍히 여길 련 / 憫 민망할 민

연민
불쌍하고
가련하게 여김

憐 憫

可憐(가련)
가엾고 불쌍함
憫惘(민망)
대하기가 부끄러움

聯邦
聯 연이을 련 / 邦 나라 방

연방
연방국

聯 邦

一 三 三 丰 丰 邦 邦

聯關(연관)
일정한 관계를 맺는 일
友邦(우방)
우호적인 관계에 있는 나라

燃燒
燃 탈 연 / 燒 불사를 소

연소
물질이 산소와 화합할 때
빛과 열을 내는 현상

燃 燒

不燃(불연)
불에 타지 않음
燒却(소각)
불에 태워 없애 버림

_______월 _______일

沿岸

沿 물 따라갈 **연** 岸 언덕 **안**

연안
바다, 강,
호수 등의 물가

沿岸

沿革(연혁)
변천해 온 과정
海岸(해안)
바다와 육지가 맞닿은 부분

延滯

延 늘일 **연** 滯 막힐 **체**

연체
늦추어 지체함

延滯

延長(연장)
본래보다 길게 늘임
遲滯(지체)
때를 늦춤

閱覽

閱 볼 **열** 覽 볼 **람**

열람
책이나 문서를
두루 훑어서 봄

閱覽

檢閱(검열)
살펴 조사하는 일
遊覽(유람)
돌아다니며 구경함

熱情

熱 더울 **열** 情 뜻 **정**

열정
열중하는 마음

熱情

熱望(열망)
열렬하게 바람
感情(감정)
어떤 일에 느끼는 기분

鹽 田
소금 염 / 밭 전

염전
소금을 만들기 위해 논처럼 만든 곳

鹽 田

鹽分(염분)
함유되어 있는 소금기
油田(유전)
석유가 나는 곳

廉 恥
청렴할 렴 / 부끄러울 치

염치
부끄러움을 아는 마음

廉 恥

淸廉(청렴)
성품이 고결하고 탐욕이 없음
恥部(치부)
부끄러운 부분

永 眠
길 영 / 잘 면

영면
사람의 죽음

永 眠

永久(영구)
무한히 이어짐
睡眠(수면)
잠을 자는 일

詠 雪
읊을 영 / 눈 설

영설
눈을 주제로 시를 읊음

詠 雪

詠歌(영가)
시가를 읊음
雪原(설원)
눈이 덮인 벌판

______월 ______일

零 細
떨어질 령 / 가늘 세

영세
몹시 가난함

零 細

零下(영하)
0℃ 이하의 온도
詳細(상세)
낱낱이 자세함

榮 譽
영화 영 / 기릴 예

영예
영광스러운 명예

榮 譽

榮華(영화)
이름이 세상에 빛남
名譽(명예)
훌륭하다고 인정되는 이름이나 자랑

英 雄
꽃부리 영 / 수컷 웅

영웅
지혜와 재능이 뛰어나고
용맹한 사람

英 雄

英才(영재)
뛰어난 재주를 가진 사람
雄辯(웅변)
조리 있고 막힘없이 말함

營 爲
경영할 영 / 할 위

영위
일을 꾸려 나감

營 爲

營業(영업)
영리를 목적으로 하는 사업
無爲(무위)
아무것도 하는 일이 없음

_______ 월 _______ 일

映 비칠 영	窓 창 창	影 그림자 영	響 울릴 향	靈 신령 령	魂 넋 혼	銳 날카로울 예	敏 민첩할 민
영창 방과 마루 사이에 낸 두 쪽의 미닫이		**영향** 효과나 작용이 다른 것에 미치는 일		**영혼** 죽은 사람의 넋		**예민** 감각, 행동 등이 날카롭고 민첩함	
映	窓	影	響	靈	魂	銳	敏

透映(투영)
광선을 통과시켜 비춤
同窓(동창)
동창생. 동문

撮影(촬영)
사진이나 영화로 찍음
反響(반향)
어떤 영향으로 일어나는 반응

靈感(영감)
기발한 착상이나 자극
鬪魂(투혼)
끝까지 투쟁하려는 기백

銳利(예리)
날이 선 상태에 있음
敏捷(민첩)
재빠르고 날쌤

禮 예도 례	儀 거동 의

예의
삼가는 말과 몸가짐

禮 儀

失禮(실례) 예의에 벗어남
祝儀(축의) 축하하는 의식

五 다섯 오	穀 곡식 곡

오곡
다섯 가지 중요한 곡식

五 穀

五色(오색) 여러 가지 빛깔
穀倉(곡창) 곡식이 많이 나는 곳

吾 나 오	君 임금 군

오군
우리 임금

吾 君

眞吾(진오) 나의 참된 모습
君臨(군림) 절대적인 세력으로 압도함

娛 즐길 오	樂 즐길 락

오락
즐겁게 노는 일

娛 樂

娛嬉(오희) 즐거워하고 기뻐함
快樂(쾌락) 유쾌하고 즐거움

傲慢
傲 거만할 **오** / 慢 거만할 **만**

오만
건방지거나 거만함

傲 慢

傲氣(오기)
지기 싫어하는 마음
驕慢(교만)
잘난 체하며 뽐내고 건방짐

誤審
誤 그르칠 **오** / 審 살필 **심**

오심
그릇된 심판

誤 審

誤謬(오류)
이치에 맞지 않는 일
審問(심문)
자세히 따져서 물음

烏竹
烏 까마귀 **오** / 竹 대 **죽**

오죽
대나무의 한 가지

烏 竹

烏鵲(오작)
까마귀와 까치
竹筍(죽순)
대나무의 어린싹

嗚呼
嗚 슬플 **오** / 呼 부를 **호**

오호
탄식할 때
내는 소리

嗚 呼

嗚咽(오열)
목이 메어 욺
呼應(호응)
부름에 대답하거나 응함

______월 ______일

溫	柔
따뜻할 온	부드러울 유

온유
온화하고 부드러움

溫 柔

氵 氵 氵 氵 氵 浌 淵 温 溫
乛 乛 予 予 矛 柔 柔 柔 柔

溫度(온도)
따뜻함과 차가움의 정도
柔弱(유약)
부드럽고 약함

擁	壁
낄 옹	벽 벽

옹벽
흙이 무너져 내리지
않도록 만든 벽

擁 壁

扌 扩 扩 挤 挤 擁 擁 擁 擁
尸 吕 辟 辟 辟 辟 壁 壁 壁

抱擁(포옹)
품에 껴안음
巖壁(암벽)
높이 솟은 벽 모양의 바위

翁	主
늙은이 옹	임금 주

옹주
임금의 후궁에서
난 왕녀

翁 主

八 公 公 爷 爷 翁 翁 翁 翁
丶 亠 亠 宇 主

老翁(노옹)
늙은 남자
主題(주제)
중심이 되는 문제

臥	龍
누울 와	용 룡

와룡
누워 있는 용

臥 龍

一 丆 丂 丂 孒 臣 臥 臥
立 音 育 育 育 龍 龍 龍 龍

臥病(와병)
병으로 자리에 누움
飛龍(비룡)
하늘을 나는 용

_____월 _____일

緩	急
느릴 완	급할 급

완급
느림과 빠름

緩 急

糸 糸 糸 糸 糸 糸 緩 緩 緩
ノ ク ク 刍 刍 刍 急 急 急

緩慢(완만)
경사가 급하지 않음
緊急(긴급)
긴요하고 급함

完	了
완전할 완	마칠 료

완료
완전히 끝마침

完 了

丶 丷 宀 宀 宀 宇 完
乛 了

完全(완전)
모자람이나 흠이 없음
終了(종료)
어떤 행동이나 일이 끝남

往	復
갈 왕	회복할 복

왕복
갔다가 돌아옴

往 復

ノ 彳 彳 彳 彳 往 往 往
彳 彳 彳 彳 彳 復 復 復 復

往來(왕래)
가고 오고 함
光復(광복)
빼앗긴 주권을 도로 찾음

王	妃
임금 왕	왕비 비

왕비
임금의 아내

王 妃

一 二 干 王
く 女 女 女 妃 妃

王權(왕권)
임금이 지닌 권력
繼妃(계비)
임금의 후취인 비

_______월 _______일

搖	亂
흔들 요	어지러울 란

요란
시끄럽고 떠들썩함

搖 亂

扌 扌 扌 扌 扌 搖 搖 搖 搖
亂 亂 亂 亂 亂 亂 亂 亂 亂

搖動(요동)
흔들리어 움직임
攪亂(교란)
뒤흔들어서 어지럽게 함

要	塞
요긴할 요	변방 새

요새
방어 시설

要 塞

一 冂 冂 襾 襾 襾 要 要 要
宀 宀 宀 寒 寒 寒 塞 塞 塞

要因(요인)
핵심적인 원인
敵塞(적새)
적의 요새

遙	遠
멀 요	멀 원

요원
까마득히 멂

遙 遠

夕 夕 夕 夅 夅 遙 遙 遙 遙
土 土 吉 吉 袁 袁 遠 遠 遠

逍遙(소요)
슬슬 거닐며 돌아다님
遠近(원근)
멀고 가까움

腰	痛
허리 요	아플 통

요통
허리와 엉덩이 부위가
아픈 증상

腰 痛

月 月 月 月 月 月 腰 腰 腰
广 广 疒 疒 疒 病 病 痛 痛

腰椎(요추)
허리뼈
苦痛(고통)
몸이나 마음의 괴로움과 아픔

_______월 _______일

浴	室	勇	氣	庸	劣	容	恕
목욕할 **욕**	집 **실**	날랠 **용**	기운 **기**	떳떳할 **용**	못할 **렬**	얼굴 **용**	용서할 **서**

욕실
목욕실

용기
씩씩하고 굳센 기운

용렬
변변하지 못하고 졸렬함

용서
꾸짖거나 벌하지 않음

浴	室	勇	氣	庸	劣	容	恕

沐浴(목욕)
온몸을 씻는 일
溫室(온실)
난방 장치를 한 방

勇敢(용감)
씩씩하고 기운참
空氣(공기)
무색, 무취의 투명한 기체

中庸(중용)
한쪽으로 치우치지 않은 상태
優劣(우열)
나음과 못함

許容(허용)
허락해서 너그럽게 받아들임
忠恕(충서)
충직하고 동정심이 많음

___월 ___일

愚	鈍
어리석을 우	둔할 둔

우둔
어리석고 둔함

愚 鈍

冂 冃 冄 禺 禺 禺 愚 愚 愚
𠆢 亼 亽 全 金 金 金 鈩 鈍

愚昧(우매)
어리석고 사리에 어두움
鈍感(둔감)
무딘 감정이나 감각

于	先
어조사 우	먼저 선

우선
어떤 일에 앞서서

于 先

一 二 于
丿 𠂉 𠂉 生 失 先

于山國(우산국)
울릉도의 옛 이름
率先(솔선)
남보다 앞장서서 먼저 함

牛	舌
소 우	혀 설

우설
소의 혀

牛 舌

丿 𠂉 二 牛
一 二 千 千 舌 舌

韓牛(한우)
우리나라의 재래종 소
舌戰(설전)
말로 옳고 그름을 가리는 다툼

憂	愁
근심 우	근심 수

우수
근심과 걱정

憂 愁

百 百 百 百 㥑 㥑 憂 憂 憂
千 禾 禾 禾 秒 秋 愁 愁 愁

憂慮(우려)
근심하거나 걱정함
愁心(수심)
매우 근심함

________월 ________일

尤 甚

尤 더욱 우 | 甚 심할 심

우심
더욱 심함

尤 甚

一 ナ 尢 尤
一 十 卄 甘 甘 其 其 甚

尤極(우극)
한층 심하거나 높게
極甚(극심)
매우 심함

優 雅

優 넉넉할 우 | 雅 맑을 아

우아
아름다운 품위

優 雅

亻 佢 佴 佴 偓 偓 傴 優 優
丆 牙 牙 牙 牙 牙 雅 雅 雅

優待(우대)
특별히 잘 대우함
端雅(단아)
단정하고 아담함

羽 翼

羽 깃 우 | 翼 날개 익

우익
새의 날개

羽 翼

丁 ㇆ 习 羽 羽 羽
羽 習 習 習 翌 翌 翼 翼 翼

一羽(일우)
한 개의 날개
翼龍(익룡)
중생대의 하늘을 나는 파충류

宇 宙

宇 집 우 | 宙 집 주

우주
끝없는 공간의 총체

宇 宙

丶 丷 宀 宀 宇 宇
丶 丷 宀 宀 宀 宁 宙 宙

土宇(토우)
천하 또는 나라
宙水(주수)
하천의 퇴적물에 고인 지하수

_____ 월 _____ 일

郵 票

郵 우편 우 | 票 표 표

우표
우편물에 붙이는 증표

郵便(우편)
우편물
買票(매표)
차표나 입장권의 표를 삼

云 謂

云 이를 운 | 謂 이를 위

운위
입에 올려 말하는 것

云云(운운)
이러이러하다고 말함
或謂(혹위)
어떤 사람이 말하기를

元 旦

元 으뜸 원 | 旦 아침 단

원단
설날 아침

復元(복원)
원래대로 회복함
一旦(일단)
우선 먼저

怨 聲

怨 원망할 원 | 聲 소리 성

원성
원망하는 소리

怨望(원망)
불평을 품고 미워함
音聲(음성)
사람의 목소리나 말소리

_____월 _____일

園 동산 원	藝 재주 예
원예 채소, 화초 등을 심어 가꾸는 일	

園 藝

花園(화원) 꽃을 심은 동산. 꽃집
文藝(문예) 문학과 예술

圓 둥글 원	柱 기둥 주
원주 둥근기둥	

圓 柱

圓滿(원만) 모난 데가 없이 부드럽고 너그러움
支柱(지주) 버티는 기둥

源 근원 원	泉 샘 천
원천 물이 흘러나오는 근원	

源 泉

財源(재원) 자금이 나올 원천
湧泉(용천) 물이 솟아나는 샘

原 언덕 원	則 법칙 칙
원칙 기본적인 규칙	

原 則

原理(원리) 사물의 근본이 되는 이치
準則(준칙) 기준이 되는 규칙

_____ 월 _____ 일

越 冬
넘을 **월** 겨울 **동**

월동
겨울을 남

越 冬

土 キ キ 走 起 起 越 越 越
ノ ク 夂 冬 冬

越權(월권)
자기 권한 밖의 일에 관여함
冬眠(동면)
겨울잠

偉 大
클 **위** 클 **대**

위대
뛰어나고 훌륭함

偉 大

亻 伫 伫 伫 伟 偉 偉 偉 偉
一 ナ 大

偉人(위인)
뛰어나고 훌륭한 사람
擴大(확대)
더 크게 함

慰 問
위로할 **위** 물을 **문**

위문
위로하기 위해
방문함

慰 問

尸 尽 尽 尉 尉 尉 慰 慰 慰
门 尸 尸 門 門 門 問 問 問

慰勞(위로)
슬픔을 달래 줌
疑問(의문)
의심스럽게 생각함

威 勢
위엄 **위** 형세 **세**

위세
맹렬한 기세

威 勢

丿 厂 厂 厌 厌 厌 威 威 威
土 丸 丸 坴 埶 埶 埶 勢 勢

威嚴(위엄)
점잖고 엄숙함
姿勢(자세)
몸을 움직이거나 가는 모양

_______월 _______일

委 맡길 위	員 인원 원	胃 위장 위	腸 창자 장	位 자리 위	置 둘 치	危 위태할 위	殆 거의 태

위원
위임받은 사람

위장
위와 창자

위치
일정한 곳에 자리를 차지함

위태
형세가 매우 어려움

委 員 胃 腸 位 置 危 殆

委託(위탁) 책임을 맡김
職員(직원) 직장에 근무하는 사람

胃癌(위암) 위에 생기는 암종
大腸(대장) 소화 기관

品位(품위) 갖추어야 할 위엄이나 기품
放置(방치) 내버려 둠

危機(위기) 위험한 고비나 시기
殆半(태반) 거의 절반

違 憲
어긋날 위 · 법 헌

위헌
헌법 규정을 어김

違 憲

違反(위반)
법률 등을 지키지 않고 어김
改憲(개헌)
헌법을 고침

悠 久
멀 유 · 오랠 구

유구
아득하게 오래됨

悠 久

悠悠(유유)
한가하고 여유가 있음
長久(장구)
매우 길고 오램

遺 棄
남길 유 · 버릴 기

유기
내다 버림

遺 棄

遺産(유산)
남겨 놓은 재산
廢棄(폐기)
못 쓰게 된 것을 버림

由 來
말미암을 유 · 올 래

유래
사물이나 일의 내력

由 來

經由(경유)
어떤 곳을 거쳐 지남
將來(장래)
다가올 앞날

_____월 _____일

幽冥

幽 그윽할 **유** / 冥 어두울 **명**

유명
깊숙하고 어두움

幽 冥

幽明(유명)
저승과 이승
冥福(명복)
저승에서 받는 복

遊牧

遊 놀 **유** / 牧 칠 **목**

유목
거처를 정하지 않고
목축을 하면서 삶

遊 牧

遊興(유흥)
흥겹게 놂
牧畜(목축)
가축을 많이 기르는 일

裕福

裕 넉넉할 **유** / 福 복 **복**

유복
살림이 넉넉함

裕 福

富裕(부유)
재물이 넉넉함
祝福(축복)
행복을 빎

類似

類 무리 **류** / 似 닮을 **사**

유사
서로 비슷함

類 似

人類(인류)
세계의 모든 사람
近似(근사)
거의 같음

_______월 _______일

愈 盛
나을 유 / 성할 성

유성
더욱 성함

愈 盛

亠 㑒 㑒 㑒 俞 俞 愈 愈 愈
厂 万 成 成 成 盛 盛 盛 盛

愈甚(유심)
더욱 심함
盛衰(성쇠)
성하고 쇠퇴함

幼 兒
어릴 유 / 아이 아

유아
만 6세까지의
어린아이

幼 兒

㇛ 幺 幺 幻 幼
ㄧ ㄏ F 臼 臼 臼 臼 兒

幼蟲(유충)
성충이 되기 전 애벌레
兒童(아동)
유치원부터 사춘기 전의 아이

猶 豫
오히려 유 / 미리 예

유예
날짜나 시간을 미룸

猶 豫

犭 犭 犭 犭 犹 猶 猶 猶 猶
ˇ 予 予 予 豫 豫 豫 豫 豫

猶女(유녀)
조카딸
豫防(예방)
미리 대처해 막는 일

唯 一
오직 유 / 한 일

유일
오직 하나밖에 없음

唯 一

口 口 口 口 叶 吖 唯 唯 唯
一

唯獨(유독)
홀로 두드러지게
一切(일체)
모든 것

월 일

維 벼리 유	持 가질 지	誘 꾈 유	致 이를 치	儒 선비 유	學 배울 학	六 여섯 륙	身 몸 신

유지
계속해서 지탱함

유치
행사나 사업을 이끌어 들임

유학
동양 철학

육신
사람의 몸뚱이

維 持 誘 致 儒 學 六 身

維新(유신)
낡은 제도를 고쳐 새롭게 함
持分(지분)
각자가 소유하는 몫

誘導(유도)
꾀어서 이끎
景致(경치)
자연의 아름다운 모습

儒敎(유교)
공자에게서 비롯된 사상
學習(학습)
배워서 익힘

六腑(육부)
배 속에 있는 여섯 가지 기관
隱身(은신)
몸을 숨김

_____월 _____일

倫 理
인륜 륜 / 다스릴 리

윤리
사람으로서 지켜야 할 도리

倫 理

亻 亻 仒 仒 伶 伶 倫 倫 倫
𤣩 王 玾 玾 玾 理 理 理 理

天倫(천륜)
부모 형제가 지켜야 할 도리
理由(이유)
까닭이나 근거

閏 月
윤달 윤 / 달 월

윤월
윤달

閏 月

𠂉 𠃍 門 門 門 門 閏 閏 閏
丿 刀 月 月

閏年(윤년)
윤달이나 윤일이 든 해
滿月(만월)
음력 보름날 밤에 뜨는 둥근달

潤 澤
불을 윤 / 못 택

윤택
윤기가 있는 광택

潤 澤

氵 沪 沪 潤 潤 潤 潤 潤 潤
氵 泗 澤 澤 澤 澤 澤 澤 澤

利潤(이윤)
장사를 해서 남은 돈
惠澤(혜택)
은혜와 덕택

栗 谷
밤 률 / 골 곡

율곡
'이이'의 호

栗 谷

一 覀 覀 覀 覀 覀 覀 栗 栗
丶 八 仌 仌 仌 谷 谷

生栗(생률)
익히지 않은 생밤
峽谷(협곡)
험하고 좁은 골짜기

_____월 _____일

隆 높을 륭	起 일어날 기	隱 숨을 은	蔽 덮을 폐	恩 은혜 은	惠 은혜 혜	乙 새 을	巳 뱀 사
융기 높게 일어나 들뜸		**은폐** 가리어 숨김		**은혜** 남에게서 받는 고마운 혜택		**을사** 육십갑자의 마흔두째	
隆	起	隱	蔽	恩	惠	乙	巳

隆盛(융성)
대단히 번성함
提起(제기)
의견이나 문제를 내어놓음

隱匿(은닉)
남의 물건이나 범죄인을 감춤
遮蔽(차폐)
가려 막고 덮음

報恩(보은)
은혜를 갚음
惠書(혜서)
상대편의 편지를 높여 이르는 말

乙未(을미)
육십갑자의 서른두째
巳時(사시)
오전 9시부터 11시까지

____월 ____일

淫	談
음란할 음	말씀 담

음담
음란하고 방탕한 이야기

淫 談

氵 氵 氵 氵 氵 沪 淫 淫 淫
言 言 言 言 訁 訁 訟 談 談

淫蕩(음탕)
음란하고 방탕함
俗談(속담)
격언이나 잠언

飮	料
마실 음	헤아릴 료

음료
마실 수 있도록 만든 액체

飮 料

𠆢 今 今 㑹 食 食 飠 飮 飮
丷 丷 半 米 米 米 米 料 料

飮食(음식)
먹는 것과 마시는 것
料理(요리)
조리한 음식

陰	沈
그늘 음	잠길 침

음침
성질이 명랑하지 못함

陰 沈

阝 阝 阝 阝 阝 阝 陰 陰 陰
丶 丶 氵 氵 氵 沈 沈

陰散(음산)
날씨가 흐리고 으스스함
沈默(침묵)
말없이 잠잠히 있음

凝	固
엉길 응	굳을 고

응고
딱딱하게 굳어짐

凝 固

冫 冫 凝 凝 凝 凝 凝 凝 凝
丨 冂 冂 冂 冂 固 固 固

凝結(응결)
한데 엉기어 뭉침
確固(확고)
튼튼하고 굳음

_______월 _______일

疑	懼
의심할 **의**	두려워할 **구**

의구
의심하고 두려워함

疑 懼

疑感(의혹)
의심해서 수상히 여김
悚懼(송구)
부끄럽다. 죄송하다

依	賴
의지할 **의**	의뢰할 **뢰**

의뢰
남에게 부탁함

依 賴

依據(의거)
사실이나 원리에 근거함
信賴(신뢰)
굳게 믿고 의지함

衣	裳
옷 **의**	치마 **상**

의상
겉에 입는 옷

衣 裳

衣服(의복)
옷
赤裳(적상)
붉은 치마

義	手
옳을 **의**	손 **수**

의수
인공으로 만들어 붙인
사람의 손

義 手

正義(정의)
진리에 맞는 올바른 도리
歌手(가수)
노래 부르는 것이 직업인 사람

_____월 _____일

意 欲

뜻 **의** / 하고자 할 **욕**

의욕
적극적인
마음이나 욕망

意 欲

意見(의견)
어떤 대상에 대해 가지는 생각
欲求(욕구)
무엇을 얻고자 바라는 일

移 管

옮길 **이** / 대롱 **관**

이관
관할을 옮김

移 管

移徙(이사)
사는 곳을 옮김
管轄(관할)
권한을 가지고 통제함

履 歷

밟을 **리** / 지날 **력**

이력
경력

履 歷

履修(이수)
순서대로 공부해서 마침
歷歷(역력)
환히 알 수 있게 또렷함

而 立

말 이을 **이** / 설 **립**

이립
서른 살

而 立

然而(연이)
그러나
立春(입춘)
24절기의 하나

______월 ______일

耳鳴
耳 귀 이 / 鳴 울 명

이명
귀울림

耳 鳴

一 丅 下 下 耳 耳
口 吖 吖 咱 鳴 鳴 鳴 鳴 鳴

耳目(이목)
귀와 눈. 주의나 관심
共鳴(공명)
맞울림

利益
利 이로울 리 / 益 더할 익

이익
보탬이 되는 것

利 益

一 二 千 禾 禾 利 利
八 仌 仒 仌 尜 谷 谷 谷 益

利用(이용)
필요에 따라 이롭게 씀
損益(손익)
손해와 이익

已載
已 이미 이 / 載 실을 재

이재
이미 기재를 완료함

已 載

ㄱ ㅋ 已
十 青 青 青 青 車 載 載 載

已往(이왕)
그렇게 된 바에
記載(기재)
문서에 기록해서 실음

二重
二 두 이 / 重 무거울 중

이중
두 겹

二 重

一 二
一 二 千 舌 音 亩 亩 重 重

無二(무이)
오직 하나뿐이고 둘 이상은 없음
尊重(존중)
높이어 귀중하게 대함

_____월 _____일

泥 진흙 니	兮 어조사 혜	梨 배나무 리	花 꽃 화	以 써 이	後 뒤 후	因 인할 인	果 과실 과
이혜 신라 시대의 현 이름 중 하나		**이화** 배나무의 꽃		**이후** 이제부터 뒤		**인과** 원인과 결과	
泥	兮	梨	花	以	後	因	果

泥沙(이사) 진흙과 모래
沙八兮(사팔혜) 가야금 곡의 하나

梨園(이원) 배나무 동산
花卉(화훼) 관상용이 되는 모든 식물

以前(이전) 이제보다 전
後悔(후회) 이전의 잘못을 깨치고 뉘우침

起因(기인) 일이 일어나게 된 까닭
效果(효과) 보람이나 좋은 결과

______월 ______일

忍 耐
참을 인 / 견딜 내

인내
참고 견딤

忍 耐

ㄱ 刀 刃 刃 忍 忍 忍
一 丆 丆 丙 而 而 而 耐 耐

忍苦(인고)
괴로움을 참음
堪耐(감내)
참고 이겨 냄

印 刷
도장 인 / 인쇄할 쇄

인쇄
글이나 그림을 종이,
천 등에 박아 냄

印 刷

′ 𠂆 F E 臼 印
ㄱ コ 尸 尸 局 屌 刷 刷

烙印(낙인)
욕된 평판
刷新(쇄신)
묵은 것을 버리고 새롭게 함

仁 慈
어질 인 / 사랑 자

인자
마음이 어질고
자애로움

仁 慈

丿 亻 仁 仁
䒑 玄 兹 兹 兹 兹 慈 慈 慈

仁愛(인애)
어진 마음으로 사랑함
慈善(자선)
불쌍히 여겨 도와줌

姻 戚
혼인 인 / 친척 척

인척
친척

姻 戚

く 女 女 如 如 姻 姻 姻 姻
厂 厂 厂 厈 戚 戚 戚 戚 戚

婚姻(혼인)
결혼
外戚(외척)
어머니 쪽의 친척

_____월 _____일

一 又

一 한 일 / 又 또 우

일우
한두 번

一 又

一
ㄱ 又

一蹴(일축)
제안이나 부탁을 단번에 거절함
又況(우황)
하물며

日 誌

日 날 일 / 誌 기록할 지

일지
그날그날의 일을 적은 기록

日 誌

丨 冂 日 日
言 言 言 計 計 計 註 誌 誌

來日(내일)
오늘의 바로 다음 날
雜誌(잡지)
정기적으로 간행하는 출판물

逸 脫

逸 편안할 일 / 脫 벗을 탈

일탈
빗나가고 벗어남

逸 脫

⺈ 色 免 免 兔 兔 兔 逸 逸
月 月 月 胪 胪 胪 胪 胪 脫

安逸(안일)
편안하고 한가로움
脫退(탈퇴)
관계를 끊고 물러남

賃 貸

賃 품삯 임 / 貸 빌릴 대

임대
남에게 빌려줌

賃 貸

亻 任 任 賃 賃 賃 賃 賃 賃
亻 代 代 貸 貸 貸 貸 貸 貸

賃借(임차)
남의 물건을 빌려 씀
貸與(대여)
얼마 동안 빌려줌

_____월 _____일

壬 午
북방 임 · 낮 오

임오
육십갑자의 열아홉째

壬 午

一 二 千 壬
丿 𠂉 𠂉 午

壬辰(임진)
육십갑자의 스물아홉째
正午(정오)
낮 12시

臨 終
임할 림 · 마칠 종

임종
죽음을 맞이함

臨 終

臨迫(임박)
어떤 때가 가까이 닥쳐옴
終結(종결)
일을 끝냄

姊 妹
윗누이 자 · 누이 매

자매
여자끼리의 형제

姊 妹

姊兄(자형)
손위 누이의 남편. 매형
妹弟(매제)
손아래 누이의 남편. 매부

刺 傷
찌를 자 · 다칠 상

자상
찔려서 입은 상처

刺 傷

一 𠂉 帀 市 朿 朿 朿 刺
亻 伫 伫 伫 伫 伫 傷 傷 傷

刺客(자객)
암살하는 사람
負傷(부상)
몸에 상처를 입음

_____ 월 _____ 일

自	我
스스로 자	나 아

자아
자기 자신에 대한 의식이나 관념

自 我

丿 亻 白 白 自 自
丿 二 于 手 我 我 我

自由(자유)
구속 받지 않고 마음대로 함
我執(아집)
자기중심의 생각만 내세우는 것

紫	朱
자줏빛 자	붉을 주

자주
자줏빛

紫 朱

止 此 此 些 些 紫 紫 紫
丿 ⺈ 仁 牛 牛 朱

紫色(자색)
자줏빛, 자주색
印朱(인주)
도장을 찍는 데 쓰는 재료

資	質
재물 자	바탕 질

자질
타고난 성품이나 소질

資 質

冫 次 次 咨 咨 資 資 資 資
斤 斦 斦 斦 質 質 質 質 質

投資(투자)
이익을 위해 자금을 돌리는 일
素質(소질)
타고난 능력이나 기질

姿	態
모양 자	모습 태

자태
어떤 모습이나 모양

姿 態

冫 冫 次 次 次 姿 姿
厶 育 能 能 能 能 態 態

姿色(자색)
여자의 고운 얼굴이나 모습
形態(형태)
사물의 생김새나 모양

_____월 _____일

昨	年
어제 **작**	해 **년**

작년
지난해

昨 年

丨 ⺆ ⺆ 日 日' 旷 昨 昨 昨
丿 ⺈ ⺌ 仁 乍 年

昨日(작일) 어제
年年(연년) 해마다

殘	留
잔인할 **잔**	머무를 **류**

잔류
뒤에 처져 남아 있음

殘 留

殘酷(잔혹) 잔인하고 혹독함
挽留(만류) 붙들고 못 하게 말림

暫	時
잠깐 **잠**	때 **시**

잠시
짧은 시간

暫 時

暫定(잠정) 임시로 정함
臨時(임시) 잠시 동안

潛	在
잠길 **잠**	있을 **재**

잠재
드러나지 않고
속에 숨어 있음

潛 在

一 ナ 𠂇 在 在 在

潛伏(잠복) 드러나지 않게 숨음
存在(존재) 현실에 실제로 있음

_____월 _____일

雜	鬼
섞일 **잡**	귀신 **귀**

잡귀
잡스러운 모든 귀신

雜 鬼

複雜(복잡)
여러 가지가 얽혀 있음
惡鬼(악귀)
몹쓸 귀신

障	泥
막을 **장**	진흙 **니**

장니
말다래

障 泥

故障(고장)
기능상의 장애
泥土(이토)
빛깔이 붉고 차진 흙

奬	勵
장려할 **장**	힘쓸 **려**

장려
좋은 일에 힘쓰도록
북돋워 줌

奬 勵

勸奬(권장)
권해 장려함
激勵(격려)
의욕이 솟아나도록 북돋워 줌

墻	壁
담 **장**	벽 **벽**

장벽
담과 벽

墻 壁

土墻(토장)
흙으로 쌓아 만든 담
壁畫(벽화)
벽에 그린 그림

_____월 _____일

帳	簿
장막 **장**	문서 **부**

장부
수입, 지출을
기록하는 책

帳 簿

帳幕(장막)
밖에서 볕과 비를 막아 주는 막
名簿(명부)
이름, 주소 등을 적어 놓은 장부

將	帥
장수 **장**	장수 **수**

장수
군사를 거느리는
우두머리

將 帥

將校(장교)
소위 이상의 군인
總帥(총수)
어떤 집단의 우두머리

才	幹
재주 **재**	줄기 **간**

재간
재주

才 幹

秀才(수재)
학문과 재능이 뛰어난 사람
幹部(간부)
책임을 맡거나 지도하는 사람

栽	培
심을 **재**	북돋울 **배**

재배
식물을 심어 가꿈

栽 培

盆栽(분재)
보기 좋게 가꾼 화초나 나무
培養(배양)
인공적으로 가꾸어 기름

宰 재상 재	相 서로 상

재상
이품 이상의 벼슬

宰 相

丶 宀 宀 宀 宀 宀 宰 宰 宰
一 十 才 木 札 枂 相 相 相

主宰(주재)
중심이 되어 맡아 처리함
相對(상대)
서로 마주 대함

災 재앙 재	殃 재앙 앙

재앙
불행한 변고

災 殃

𡿨 巛 巛 災 災 災 災
一 歹 歹 歹 歹 歼 歼 殃 殃

火災(화재)
불이 나는 재앙
天殃(천앙)
하늘에서 벌로 내리는 재앙

裁 마를 재	判 판단할 판

재판
옳고 그름을 따져
판단함

裁 判

土 𡈼 𢦏 𢦏 𢦏 𢦏 裁 裁 裁
丿 八 亼 兰 半 判 判

裁斷(재단)
옷감이나 재목을 재거나 자름
判決(판결)
판단해서 결정함

再 두 재	編 엮을 편

재편
재편성

再 編

一 丆 冂 币 再 再
幺 糸 糸 紀 紀 絹 絹 編 編

再考(재고)
다시 생각함
編輯(편집)
여러 재료로 신문 등을 만드는 일

_______월 _______일

低	俗
낮을 저	풍속 속

저속
품위가 낮고 속됨

低 俗

丿 亻 仁 仾 仾 低 低
丿 亻 亻 仒 仒 俗 俗 俗 俗

高低(고저)
높음과 낮음
風俗(풍속)
전해 오는 생활 전반의 습관

抵	觸
막을 저	닿을 촉

저촉
위반되거나
어긋남

抵 觸

一 扌 扌 扌 扺 扺 抵 抵
⺈ 角 角 觸 觸 觸 觸 觸 觸

抵當(저당)
담보로 잡거나 담보로 잡힘
接觸(접촉)
서로 맞닿음

貯	蓄
쌓을 저	모을 축

저축
절약해서 모아 둠

貯 蓄

目 目 貝 貝 貝 貯 貯 貯 貯
艹 艹 苙 苙 荎 蓄 蓄 蓄 蓄

貯藏(저장)
물건을 모아서 간수함
蓄積(축적)
모아서 쌓음

適	當
맞을 적	마땅 당

적당
정도에 알맞음

適 當

亠 啇 啇 啇 啇 啇 滴 滴 適
⺌ 㣲 尚 尚 尚 當 當 當 當

適切(적절)
꼭 알맞음
妥當(타당)
일의 이치로 보아 옳음

_____월 _____일

摘	示
딸 적	보일 시

적시
지적해서 보임

摘 示

扌 扩 扩 揥 揥 摘 摘 摘 摘
一 二 亍 亓 示

指摘(지적)
꼭 집어서 가리킴
指示(지시)
일러서 시킴

赤	緯
붉을 적	씨 위

적위
적도 좌표에서의 위도

赤 緯

一 十 土 ナ 方 赤 赤
幺 糸 紵 紵 紵 絳 緯 緯 緯

赤潮(적조)
바닷물이 붉게 되는 현상
緯度(위도)
좌표축 중에서 가로로 된 것

積	弊
쌓을 적	폐단 폐

적폐
오랫동안 쌓인 폐단

積 弊

禾 秸 秸 秸 積 積 積 積 積
쓔 㡀 㡀 㡀 㡀 敝 敝 弊 弊

堆積(퇴적)
많이 덮쳐져 쌓임
民弊(민폐)
민간에 끼치는 폐해

專	攻
오로지 전	칠 공

전공
한 분야를
전문적으로 연구함

專 攻

冖 冂 目 亩 亩 亩 亩 專 專
一 T I 工 工 玏 攻

專念(전념)
한 가지 일에만 마음을 씀
攻防(공방)
서로 공격하고 방어함

_____월 _____일

田 畓

田 밭 전 | 畓 논 답

전답
논과 밭

田 畓

丨 冂 日 田 田
亅 才 水 水 水 沓 沓 畓 畓

丹田(단전)
배꼽 아래를 이르는 말
沃畓(옥답)
땅이 기름진 논

前 途

前 앞 전 | 途 길 도

전도
가능성이나 전망

前 途

丶 丷 䒑 䒑 广 前 前 前 前
亼 亼 今 余 余 余 涂 涂 途

事前(사전)
일이 일어나기 전
別途(별도)
덧붙여서 추가한 것

展 望

展 펼 전 | 望 바랄 망

전망
멀리 내다보이는 경치

展 望

コ 尸 尸 尸 屏 屏 屏 展 展
亡 亡 切 胡 胡 望 望 望 望

展示(전시)
여러 물품을 벌여 놓고 보임
渴望(갈망)
간절히 바람

轉 買

轉 구를 전 | 買 살 매

전매
산 물건을
다른 사람에게 다시 팜

轉 買

亘 軒 軒 軸 軸 轉 轉 轉 轉
罒 罒 罒 冐 冐 買 買 買 買

轉嫁(전가)
잘못이나 책임을 남에게 넘겨씌움
購買(구매)
물건을 사들임

_____월 _____일

全	般
온전할 **전**	가지 **반**

전반
통틀어서 모두

全 般

丿 入 𠆢 亼 仝 全
丿 月 月 舟 舟 舟 舣 般 般

安全(안전)
사고가 날 염려가 없음
萬般(만반)
마련할 수 있는 모든 것

傳	染
전할 **전**	물들 **염**

전염
병이 남에게 옮음

傳 染

亻 伒 伒 俥 俥 俥 僡 傳 傳
丶 冫 氵 氿 氿 氿 染 染 染

傳達(전달)
전해서 이르게 함
汚染(오염)
더럽게 물들게 함

電	池
번개 **전**	못 **지**

전지
건전지

電 池

雨 雨 雨 雨 雨 雷 雷 雷 電
丶 冫 氵 汄 沖 池

電流(전류)
전하가 연속적으로 이동하는 현상
園池(원지)
정원과 못

節	槪
마디 **절**	대개 **개**

절개
굳게 지키는
꿋꿋한 태도

節 槪

⺮ 𥫗 竺 竺 笞 笞 筤 節 節
木 朩 相 相 楖 槪 槪 槪 槪

節次(절차)
일의 순서나 방법
槪念(개념)
사물과 현상에 대한 일반 지식

絶	叫	竊	盜	折	衝	占	卜
끊을 **절**	부르짖을 **규**	훔칠 **절**	도둑 **도**	꺾을 **절**	찌를 **충**	점령할 **점**	점 **복**

절규
애타게 부르짖음

절도
몰래 훔침

절충
교섭하거나 담판함

점복
점치는 일

絶 叫 竊 盜 折 衝 占 卜

幺 糸 糸 糹 紒 絈 絶 絶 絶
丨 口 口 叫 叫

宀 穴 穾 竊 竊 竊 竊 竊 竊
氵 氵 汋 次 次 洛 涔 盜 盜

一 十 扌 扌 扩 扩 折
彳 彳 彳 衎 衝 衝 衝 衝 衝

丨 卜 卜 占 占
丨 卜

義絶(의절)
정을 끊음
叫喚(규환)
큰 소리로 부르짖음

剽竊(표절)
남의 작품의 몰래 따다 씀
盜聽(도청)
몰래 엿들음

挫折(좌절)
마음이나 기운이 꺾임
相衝(상충)
맞지 않고 서로 어긋남

獨占(독점)
혼자서 모두 차지함
卜債(복채)
점을 쳐 준 값으로 주는 돈

_______ 월 _______ 일

點	滴	漸	漸	接	續	蝶	泳
점 점	물방울 적	점점 점	점점 점	이을 접	이을 속	나비 접	헤엄칠 영

점적
낱낱의 물방울

점점
조금씩 더하거나 덜해지는 모양

접속
서로 맞대어 이음

접영
수영법 중 하나

點 滴 漸 漸 接 續 蝶 泳

長點(장점)
좋거나 잘하는 점
硯滴(연적)
벼룻물을 담아 두는 그릇

漸次(점차)
차례를 따라 진행됨
漸進(점진)
조금씩 앞으로 나아감

接近(접근)
가까이 다가감
相續(상속)
재산적 권리와 의무를 이어받음

花蝶(화접)
꽃과 나비
背泳(배영)
반듯이 누워서 치는 수영법

_____월 _____일

淨 潔
깨끗할 정 깨끗할 결

정결
매우 깨끗하고 깔끔함

淨 潔

氵 氵 氵 氵 氵 氵 浄 浄 淨
氵 氵 氵 氵 氵 潔 潔 潔 潔

清淨(청정)
맑고 깨끗함
潔白(결백)
아무런 허물이 없음

征 伐
칠 정 칠 벌

정벌
무력으로써 침

征 伐

ノ 彡 彳 彳 彳 彳 征 征
ノ 亻 仁 代 伐 伐

遠征(원정)
먼 곳으로 싸우러 나감
伐木(벌목)
나무를 벰

政 府
정사 정 마을 부

정부
국가를 다스리는 기관

政 府

一 丅 下 正 正 正 政 政 政
丶 一 广 广 广 府 府 府

政權(정권)
정치상의 권력
府君(부군)
'죽은 아버지'나 '남자 조상'의 높임말

頂 上
정수리 정 윗 상

정상
맨 꼭대기

頂 上

丁 丁 丁 頂 頂 頂 頂 頂 頂
丨 ㅏ 上

登頂(등정)
산의 정상에 오름
浮上(부상)
물 위로 떠오름

_____월 _____일

靜	肅
고요할 정	엄숙할 숙

정숙
조용하고 엄숙함

靜 肅

靜寂(정적)
고요하고 쓸쓸함
嚴肅(엄숙)
장엄하고 정숙함

丁	酉
고무래 정	닭 유

정유
육십갑자의 서른넷째

丁 酉

一 丁
一 丆 丙 丙 西 酉 酉

壯丁(장정)
젊고 기운이 좋은 남자
辛酉(신유)
육십갑자의 쉰여덟째

亭	子
정자 정	아들 자

정자
지붕과 기둥만 있는
쉬기 위해 지은 집

亭 子

乛 了 子

松亭(송정)
솔숲 사이에 지은 정자
額子(액자)
그림, 글씨 등을 끼우는 틀

整	齊
가지런할 정	가지런할 제

정제
정돈해서 가지런히 함

整 齊

整理(정리)
흐트러진 것을 가지런히 함
齊家(제가)
집안을 잘 다스려 바로잡음

貞 操
곧을 정 · 잡을 조

정조
여자의 곧은 절개

貞 操

貞節(정절)
정조
操作(조작)
기계를 다루어 움직임

精 進
정할 정 · 나아갈 진

정진
힘써 나아감

精 進

精誠(정성)
참되고 성실한 마음
進路(진로)
앞으로 나아갈 길

停 車
머무를 정 · 수레 차

정차
차가 멎음

停 車

停止(정지)
멎거나 그침
車輛(차량)
모든 차를 통틀어 이르는 말

正 確
바를 정 · 굳을 확

정확
바르고 확실함

正 確

端正(단정)
바르고 얌전함
確保(확보)
확실히 보유함

_____월 _____일

提	供
끌 제	이바지할 공

제공
내주거나 갖다 바침

提 供

扌 打 押 押 担 担 捍 提 提
ノ 亻 亻 仁 什 供 供 供

提高(제고) 수준이나 정도를 끌어올림
供養(공양) 웃어른을 모시어 음식을 드림

製	糖
지을 제	엿 당

제당
설탕을 만듦

製 糖

製 製 製 製 製 製 製 製 製
米 米 粁 粐 粐 粐 糖 糖 糖

製作(제작) 재료로 물건을 만듦
糖分(당분) 당류의 성분

堤	防
둑 제	막을 방

제방
물가에 쌓은 둑

堤 防

土 坦 坦 坦 坦 坦 堤 堤 堤
阝 阝 阝 阝 阝 防 防

堰堤(언제) 하천이나 계류를 막는 구조물
防疫(방역) 전염병을 미리 막는 일

祭	祀
제사 제	제사 사

제사
신령이나 죽은 사람의 넋에 정성을 표하는 예절

祭 祀

夕 夕 夕 夕 夕 夕 祭 祭 祭
一 二 于 示 示 祀 祀 祀

祝祭(축제) 축하해서 벌이는 큰 행사
告祀(고사) 일이 잘되기를 비는 제사

_______월 _______일

制	御
절제할 제	거느릴 어

제어
막거나 누름

制 御

丿 ⺈ 𠂉 ⺧ 𠁣 伟 制 制
彳 彳 彳 彳 彳 彳 彳 御 御

節制(절제)
알맞게 조절해 제한함
御命(어명)
임금의 명령

除	籍
덜 제	문서 적

제적
학적 등에서
이름을 지워 버림

除 籍

阝 阝 阝 阝 阝 阝 阝 除 除
⺮ ⺮ 笋 笋 笋 笋 籍 籍 籍

除去(제거)
없애 버림
書籍(서적)
책. 문헌

諸	侯
모두 제	제후 후

제후
봉건 시대에
권력을 가지던 사람

諸 侯

言 言 言 言 言 言 言 諸 諸
丿 亻 亻 亻 亻 亻 亻 侯 侯

諸般(제반)
어떤 것과 관련된 모든 것
侯爵(후작)
귀족의 작위 중 둘째 작위

燥	渴
마를 조	목마를 갈

조갈
목이 마름

燥 渴

火 火 火 火 火 火 火 燥 燥
氵 氵 氵 氵 氵 氵 渴 渴 渴

焦燥(초조)
애가 타서 마음이 조마조마함
渴症(갈증)
목말라 물을 마시고 싶은 느낌

_______월 _______일

條 가지 조	例 법식 례
조례 지방 자치 단체가 제정하는 법	
條	例

亻 亻 亻 亻 亻 亻 仫 伀 侾 修 條

亻 亻 亻 亻 仞 仞 伢 例

條項(조항)
법률이나 규정의 조목이나 항목
事例(사례)
실제로 일어난 예

鳥 새 조	類 무리 류
조류 새무리	
鳥	類

鳥瞰(조감)
전체를 한눈으로 관찰함
分類(분류)
종류에 따라서 가름

早 이를 조	晩 늦을 만
조만 이름과 늦음	
早	晩

早朝(조조)
이른 아침
晩餐(만찬)
손님을 초대한 저녁 식사

朝 아침 조	飯 밥 반
조반 아침밥	
朝	飯

朝夕(조석)
아침과 저녁
飯饌(반찬)
밥에 곁들여 먹는 음식

_____월 _____일

祖 할아버지 조	父 아버지 부	租 조세 조	稅 세금 세	調 고를 조	律 법칙 률	照 비칠 조	準 준할 준
조부 할아버지		**조세** 국세와 지방세		**조율** 악기의 음을 고름. 문제를 조절함		**조준** 총이나 포의 방향과 거리를 잡음	
祖	父	租	稅	調	律	照	準

祖: 一 亍 亓 示 礻 礼 初 祖 祖 祖

父: ノ ハ グ 父

租: 一 千 千 禾 禾 和 和 和 租 租

稅: 禾 禾 秆 秆 秆 稈 稈 稅 稅

調: 言 訁 訂 訶 訶 誀 調 調 調

律: ノ 彡 彳 彳 彳 律 律 律 律

照: 日 昍 昍 昭 昭 昭 照 照 照

準: 氵 汁 氵 洋 淮 淮 淮 準 準

曾祖(증조) 할아버지의 아버지
聘父(빙부) 아내의 친정아버지

賭租(도조) 논밭을 빌린 대가로 해마다 내는 벼
稅金(세금) 조세로 거두는 돈

調和(조화) 서로 잘 어울림
法律(법률) 나라의 규율

對照(대조) 맞대어 같고 다름을 검토함
準備(준비) 미리 마련해서 갖춤

族	譜
겨레 족	족보 보

족보
한 가문의 계통과 혈통 관계를 기록한 책

族 譜

亠 方 㫃 㫃 㫃 㫃 族 族 族
言 訁 訁 訁 諩 諩 譜 譜 譜

民族(민족)
겨레. 동족
系譜(계보)
족보. 계통에 관해 적은 책

尊	畏
높을 존	두려워할 외

존외
경외

尊 畏

八 台 台 酋 酋 酋 酋 尊 尊
丨 冂 日 田 田 甲 毘 畏 畏

尊貴(존귀)
지위나 신분이 높고 귀함
敬畏(경외)
공경하면서 두려워함

存	廢
있을 존	폐할 폐

존폐
존속과 폐지

存 廢

一 ナ 才 存 存 存
广 广 庐 庐 庐 廢 廢 廢 廢

保存(보존)
잘 보호하고 간수해서 남김
荒廢(황폐)
거칠어져 못 쓰게 됨

卒	業
마칠 졸	업 업

졸업
교과 과정을 마침

卒 業

丶 亠 亣 亣 亣 亣 亣 卒
业 业 业 业 业 业 業 業 業

卒倒(졸도)
갑자기 정신을 잃고 쓰러짐
職業(직업)
생계유지를 위해 종사하는 일

拙吟
拙 옹졸할 졸 / 吟 읊을 음

졸음
자기의 시를 겸손하게 이르는 말

拙 吟

一 十 扌 扌 扎 扎 拙 拙
丨 口 口 口 吟 吟 吟

拙劣(졸렬)
옹졸하고 천해서 서투름
吟味(음미)
사물의 의미를 새겨 생각함

終乃
終 마칠 종 / 乃 이에 내

종내
마침내

終 乃

纟 糸 糸 糸 紁 紁 終 終 終
丿 乃

終了(종료)
어떤 행동이나 일이 끝남
乃至(내지)
얼마에서 얼마까지

鐘樓
鐘 쇠북 종 / 樓 다락 루

종루
종을 달아 두는 누각

鐘 樓

金 金 鈩 鈩 鐘 鐘 鐘 鐘 鐘
木 枦 枦 枦 棤 樓 樓 樓 樓

警鐘(경종)
종이나 사이렌 등의 신호
望樓(망루)
주위 동정을 살피기 위한 다락집

宗廟
宗 마루 종 / 廟 사당 묘

종묘
역대 왕과 왕비의 위패를 모시던 사당

宗 廟

丶 丶 宀 宀 宀 宇 宗 宗
广 庐 庐 庐 庫 廟 廟 廟 廟

宗教(종교)
불교, 기독교, 이슬람교 등
宮廟(궁묘)
종묘

從 좇을 종	氏 성씨 씨

종씨
남에게 사촌 형을 높여 이르는 말

從 氏

彳 彳 彳 彴 從 從 從 從 從
一 匚 巳 氏

順從(순종)
순순히 따름
氏族(씨족)
같은 조상을 가진 혈연 공동체

縱 세로 종	橫 가로 횡

종횡
세로와 가로

縱 橫

幺 糸 糸 糸 紒 紒 紒 紒 縱
木 朩 朩 朩 朩 朩 朩 橫 橫

縱斷(종단)
남북 방향으로 건넘
橫斷(횡단)
동서 방향으로 건넘

座 자리 좌	席 자리 석

좌석
앉는 자리

座 席

亠 广 广 广 座 座 座 座 座
亠 广 广 广 庐 庐 庐 席 席

星座(성좌)
별자리
首席(수석)
등급이나 직위에서 맨 윗자리

坐 앉을 좌	禪 선 선

좌선
고요히 앉아서 참선함

坐 禪

丿 人 从 从 丛 坐 坐
礻 礻 禪 禪 禪 禪 禪 禪 禪

坐定(좌정)
자리 잡아 앉음
禪師(선사)
'승려'의 높임말

_____월 _____일

左	右
왼 좌	오른쪽 우

좌우
왼쪽과 오른쪽

左 右

一 ナ 七 左 左
ノ ナ 才 右 右

左遷(좌천)
낮은 관직이나 지위로 떨어짐
右側(우측)
오른쪽

罪	囚
허물 죄	가둘 수

죄수
수감된 사람

罪 囚

罒 罒 罗 罗 罗 罪 罪 罪 罪
丨 冂 冈 闪 囚

犯罪(범죄)
법규를 어기고 저지른 잘못
囚人(수인)
옥에 갇힌 사람

周	旋
두루 주	돌 선

주선
일이 잘되도록
여러 방법으로 힘씀

周 旋

丿 冂 月 円 用 用 周 周
方 方 方 方 扩 旂 旂 旋 旋

周圍(주위)
어떤 곳의 바깥 둘레
旋回(선회)
둘레를 빙글빙글 돎

晝	夜
낮 주	밤 야

주야
밤과 낮

晝 夜

⺕ 肀 聿 聿 書 書 書 晝 晝
丶 亠 广 产 夜 夜 夜 夜

晝間(주간)
낮 동안
夜深(야심)
밤이 깊음

珠 玉
구슬 주 / 구슬 옥

주옥
구슬과 옥

珠 玉

一 二 千 王 玉

眞珠(진주)
조개에 생기는 딱딱한 덩어리
玉璽(옥새)
옥으로 만든 국새

注 油
부을 주 / 기름 유

주유
기름을 넣음

注 油

注視(주시)
주의를 집중해서 봄
石油(석유)
천연으로 나는 가연성 기름

鑄 字
불릴 주 / 글자 자

주자
쇠붙이를 녹여 만든 활자

鑄 字

鑄貨(주화)
쇠붙이를 녹여 만든 화폐
數字(숫자)
수를 나타내는 글자

住 宅
살 주 / 집 택

주택
집

住 宅

住所(주소)
사는 곳
邸宅(저택)
규모가 아주 큰 집

____월 ____일

州縣 (고을 주 / 매달 현)

주현
주와 현

州 縣

丿 丬 ⺌ 州 州 州
目 県 県 県 縣 縣 縣 縣 縣

濟州(제주)
제주특별자치도
縣監(현감)
조선 시대에 작은 현의 수령

俊傑 (준걸 준 / 뛰어날 걸)

준걸
재주와 슬기가 매우 뛰어남

俊 傑

丿 亻 亻 亻 俊 俊 俊 俊 俊
亻 亻 亻 亻 傑 傑 傑 傑 傑

俊秀(준수)
재주와 슬기, 풍채가 빼어남
傑作(걸작)
매우 훌륭한 작품

遵用 (좇을 준 / 쓸 용)

준용
그대로 좇아서 씀

遵 用

⺊ 酋 酋 尊 尊 尊 遵 遵 遵
丿 冂 月 月 用

遵行(준행)
그대로 좇아서 행함
活用(활용)
충분히 잘 이용함

仲媒 (버금 중 / 중매 매)

중매
결혼이 이루어지도록 소개하는 일

仲 媒

丿 亻 亻 们 仲 仲
女 女 女 女 女 媒 媒 媒 媒

仲介(중개)
제삼자로서 일을 주선함
媒體(매체)
다른 쪽으로 전달하는 수단

_____월 _____일

重 무거울 **중**	複 겹칠 **복**	中 가운데 **중**	央 가운데 **앙**	卽 곧 **즉**	效 본받을 **효**	證 증거 **증**	券 문서 **권**

중복
거듭하거나 겹침

一 二 千 亓 育 盲 盲 重 重
衤 衤 衤 衤 衤 衤 衤 複 複

重要(중요)
귀중하고 요긴함
複合(복합)
두 가지 이상이 하나로 합침

중앙
한가운데

丨 冂 口 中
丨 冂 口 史 央

集中(집중)
한곳을 중심으로 모임
震央(진앙)
지진의 진원 바로 위의 지점

즉효
즉시 나타나는 효력

' 亻 白 白 白 自 自 卽 卽
亠 六 六 交 交 交 交 效 效

卽興(즉흥)
바로 일어나는 감흥
效能(효능)
효험을 나타내는 능력

증권
유가 증권

言 訁 訁 訁 訁 訁 訁 證 證
丷 八 ㅗ 亠 半 失 券 券

證明(증명)
증거를 들어서 밝힘
福券(복권)
추첨으로 상금을 주는 표

월 일

曾	孫
일찍 증	손자 손

증손
손자의 아들

曾孫

丷 ⺈ ⺈ 𠆢 ⺈ 曾 曾 曾 曾
了 子 孑 孖 孫 孫 孫 孫 孫

曾祖(증조)
할아버지의 아버지
後孫(후손)
여러 세대가 지난 뒤의 자손들

憎	惡
미울 증	미워할 오

증오
아주 사무치게 미워함

憎惡

忄 忄 忄 忄 忄 忄 憎 憎 憎
亞 亞 亞 亞 亞 亞 惡 惡 惡

可憎(가증)
괘씸하고 얄미움
嫌惡(혐오)
싫어하고 미워함

增	幅
더할 증	폭 폭

증폭
사물의 범위가
늘어나 커짐

增幅

土 圹 圹 坮 坮 坮 增 增 增
巾 㠭 帊 帊 帊 幅 幅 幅 幅

增進(증진)
점점 더 늘어 가고 나아감
步幅(보폭)
걸음의 발자국 사이의 거리

遲	刻
더딜 지	새길 각

지각
늦게 출근하거나
등교함

遲刻

尸 戸 屖 屖 犀 遅 遅 遅 遲
丶 亠 亥 亥 亥 亥 刻 刻 刻

遲延(지연)
더디게 끌어 시간을 늦춤
刻印(각인)
새겨 넣듯 깊이 기억됨

支 지탱할 지	拂 떨칠 불
지불 값을 치름	
支	拂

一 十 方 支
扌 扌 扌 扌 扌 扌 拂 拂

依支(의지) 다른 것에 몸을 기댐
拂拭(불식) 말끔히 떨어 없앰

至 이를 지	誠 정성 성
지성 지극한 정성	
至	誠

一 ㄷ ㄷ 孟 至 至
言 言 訂 訂 訂 訂 誠 誠 誠

至高(지고) 더할 수 없이 높음
致誠(치성) 있는 정성을 다함

知 알 지	識 알 식
지식 알게 된 명확한 인식이나 이해	
知	識

ノ ㅅ ㄷ 矢 矢 知 知 知
言 言 言 諳 諳 諳 識 識 識

認知(인지) 어떤 사실을 인정해서 앎
學識(학식) 배워서 얻은 지식

止 그칠 지	揚 날릴 양
지양 하지 않음	
止	揚

丨 卜 止 止
扌 扌 押 押 押 押 揚 揚 揚

沮止(저지) 막아서 못하게 함
激揚(격양) 기운이나 감정이 세차게 일어남

_____월 _____일

地 땅 지	域 지경 역

지역
일정한 땅의 구역

一 十 土 圠 坤 地
土 圹 圻 垣 域 域 域

天地(천지)
하늘과 땅
全域(전역)
어느 지역의 전체

枝 가지 지	葉 잎 엽

지엽
식물의 가지와 잎

一 十 才 木 朩 村 枋 枝
艹 芒 苹 華 葉 葉 葉 葉

剪枝(전지)
가지치기
落葉(낙엽)
떨어진 나뭇잎

之 갈 지	次 버금 차

지차
다음이나 버금

丶 亠 之 之
冫 冫 冫 次 次

置之(치지)
그냥 내버려 둠
再次(재차)
거듭해서 다시

指 가리킬 지	針 바늘 침

지침
방침

一 丁 扌 扌 指 指 指 指 指
人 今 全 金 金 金 釒 針 針

指向(지향)
작정한 방향으로 나아감
方針(방침)
방향과 계획

_____월 _____일

智	慧
슬기 **지**	슬기로울 **혜**

지혜
슬기

智 慧

機智(기지)
재치 있게 대응하는 지혜
慧眼(혜안)
사물을 꿰뚫어 보는 안목

珍	貴
보배 **진**	귀할 **귀**

진귀
보배롭고
보기 드물게 귀함

珍 貴

珍味(진미)
음식의 아주 좋은 맛
貴賤(귀천)
귀함과 천함

振	動
떨칠 **진**	움직일 **동**

진동
흔들려 움직임

振 動

振幅(진폭)
진동하는 폭
運動(운동)
건강을 위해 몸을 움직이는 일

盡	滅
다할 **진**	꺼질 **멸**

진멸
모두 멸망함

盡 滅

賣盡(매진)
모두 다 팔려 동이 남
消滅(소멸)
사라져 없어짐

_______월 _______일

陳 腐
베풀 진 / 썩을 부

진부
사상, 행동 등이 낡아서 새롭지 못함

陳 腐

阝 阝 阝 陌 陌 陌 陣 陳 陳
广 府 府 府 腐 腐 腐 腐 腐

陳列(진열) 물건을 죽 벌여 놓음
腐敗(부패) 의식 등이 타락함

陣 營
진 칠 진 / 경영할 영

진영
서로 대립되는 세력의 어느 한쪽

陣 營

阝 阝 阝 阝 陌 陌 陌 陣 陣
炏 炏 炏 炏 炏 炏 營 營 營

布陣(포진) 전쟁이나 경기를 위해 진을 침
經營(경영) 사업을 관리하고 운영함

鎭 火
진압할 진 / 불 화

진화
불이 난 것을 끔

鎭 火

金 金 金 鉅 鉅 鉅 鎭 鎭 鎭
丶 丷 火

鎭壓(진압) 억눌러 진정시킴
火焰(화염) 타는 불에서 일어나는 불꽃

姪 婦
조카 질 / 며느리 부

질부
조카며느리

姪 婦

女 女 女 女 女 女 女 女 姪
女 女 女 女 女 女 女 婦 婦

堂姪(당질) 사촌 형제의 아들
主婦(주부) 살림살이를 맡은 안주인

___월 ___일

秩	序
차례 질	차례 서

질서
순서나 차례

秩 序

二 千 禾 禾 秆 秆 秆 秩 秩
丶 亠 广 庀 庀 庁 序

上秩(상질)
상등의 품질
順序(순서)
정해진 차례

疾	走
병 질	달릴 주

질주
빨리 달림

疾 走

丶 亠 广 广 疒 疒 疒 疒 痄 疾
一 十 土 丰 丰 走 走

疾患(질환)
몸의 온갖 병
競走(경주)
빠르기를 겨루는 일

集	團
모을 집	둥글 단

집단
여럿이 모여
이룬 단체

集 團

亻 仁 什 隹 隹 隹 隼 集 集
冂 冂 同 同 同 冋 團 團 團

蒐集(수집)
물건이나 재료를 찾아 모음
團結(단결)
마음과 힘을 한데 뭉침

執	着
잡을 집	붙을 착

집착
잊지 못하고 매달림

執 着

土 去 去 垚 幸 幸 執 執 執
丷 ⺷ 羊 芦 羊 着 着 着 着

執拗(집요)
고집스럽고 끈질김
膠着(교착)
아주 단단히 달라붙음

_____월 _____일

懲戒
懲 징계할 **징** / 戒 경계할 **계**

징계
제재를 가함

懲 戒

彳 彳 徨 徨 徵 徵 懲 懲 懲
一 二 于 开 戒 戒 戒

膺懲(응징)
잘못을 뉘우치도록 징계함
警戒(경계)
조심해서 단속함

徵兆
徵 부를 **징** / 兆 조 **조**

징조
어떤 일이 생길 기미

徵 兆

彳 彳 彳 彳 徨 徨 徨 徵 徵
丿 丬 丬 兆 兆 兆

特徵(특징)
특별히 눈에 띄는 점
兆朕(조짐)
길흉의 기미가 보이는 현상

車嶺
車 수레 **차** / 嶺 고개 **령**

차령
고개 이름

車 嶺

一 厂 斤 百 亘 亘 車
山 岑 嵛 嶺 嶺 嶺 嶺 嶺 嶺

駐車(주차)
자동차를 일정한 곳에 세워 둠
峻嶺(준령)
높고 가파른 고개

借名
借 빌릴 **차** / 名 이름 **명**

차명
남의 이름을 빌려 씀

借 名

亻 亻 仁 仕 供 借 借 借 借
丿 ク 夕 夕 名 名

借款(차관)
국가 간에 자금을 빌려 옴
名分(명분)
마땅히 지켜야 할 도리

_______월 _______일

錯	覺
어긋날 **착**	깨달을 **각**

착각
실제와 다르게 지각하거나 생각함

錯 覺

錯雜(착잡) 뒤섞여 어수선함
自覺(자각) 스스로 깨달음

讚	頌
기릴 **찬**	칭송할 **송**

찬송
미덕을 기리고 칭찬함

讚 頌

稱讚(칭찬) 훌륭한 일을 높이 평가함
稱頌(칭송) 칭찬해 일컬음

贊	助
도울 **찬**	도울 **조**

찬조
뜻을 같이해서 도와줌

贊 助

協贊(협찬) 재정적으로 도움을 줌
補助(보조) 거들거나 도움

慙	愧
부끄러울 **참**	부끄러울 **괴**

참괴
매우 부끄러워함

慙 愧

慙悔(참회) 부끄러워해서 뉘우침
自愧(자괴) 스스로 부끄러워함

_______월 _______일

參	酌	慘	敗	創	刊	倉	庫
참여할 **참**	술 부을 **작**	참혹할 **참**	패할 **패**	비롯할 **창**	새길 **간**	곳집 **창**	곳집 **고**

참작
참고해서 알맞게 고려함

참패
크게 패배함

창간
정기 간행물을 처음으로 펴냄

창고
물건을 보관하는 건물

參 酌 慘 敗 創 刊 倉 庫

參與(참여)
어떤 일에 끼어들어 관계함
斟酌(짐작)
어림잡아 헤아림

慘憺(참담)
끔찍하고 절망적임
成敗(성패)
성공과 실패

創業(창업)
사업을 처음으로 시작함
月刊(월간)
한 달에 한 번씩 발행하는 일

穀倉(곡창)
곡식이 많이 나는 곳
在庫(재고)
창고에 있는 물건

_______월 _______일

蒼	空
푸를 창	빌 공

창공
맑고 푸른 하늘

蒼 空

鬱蒼(울창)
나무가 우거지고 푸름
空虛(공허)
아무것도 없이 텅 빔

債	權
빚 채	권세 권

채권
채무 증권

債 權

負債(부채)
남에게 진 빚
權利(권리)
요구할 수 있는 힘이나 자격

菜	蔬
나물 채	나물 소

채소
밭에서 기르는 농작물

菜 蔬

雜菜(잡채)
당면, 채소 등을 넣고 버무린 음식
春蔬(춘소)
봄철의 채소

採	擇
캘 채	가릴 택

채택
골라서 가려 냄

採 擇

採用(채용)
사람을 골라서 씀
擇一(택일)
하나를 고름

_____월 _____일

責 務

責 꾸짖을 책 / 務 힘쓸 무

책무
책임이나 임무

責 務

𠂤 𠂤 丰 青 青 青 青 責 責
マ 予 矛 矛 矛 矜 矜 務 務

叱責(질책)
꾸짖어서 나무람
債務(채무)
빌린 것을 갚아야 하는 의무

冊 床

冊 책 책 / 床 평상 상

책상
책을 읽거나 사무를 볼 때 받치고 쓰는 상

冊 床

丨 冂 冂 冊 冊
丶 亠 广 广 庄 床 床

冊房(책방)
서점
兼床(겸상)
마주 보며 식사하는 일

妻 妾

妻 아내 처 / 妾 첩 첩

처첩
아내와 첩

妻 妾

一 ㇕ 彐 彐 聿 妻 妻 妻
丶 亠 亠 立 立 妾 妾 妾

妻家(처가)
아내의 본집
臣妾(신첩)
임금에게 자기를 낮추어 이르던 말

尺 度

尺 자 척 / 度 법도 도

척도
측정할 때 의거할 기준

尺 度

㇕ 彐 尸 尺
丶 亠 广 广 庐 庐 庐 度 度

越尺(월척)
낚은 물고기가 한 자가 넘음
制度(제도)
규범이나 사회 구조의 체계

_____월 _____일

淺 얕을 천	薄 엷을 박	川 내 천	邊 가 변	天 하늘 천	涯 물가 애	千 일천 천	秋 가을 추
천박 학문이나 생각이 얕음		**천변** 냇물의 주변		**천애** 하늘의 끝		**천추** 오래고 긴 세월	
淺	薄	川	邊	天	涯	千	秋

氵 氵 汋 泟 泟 浅 淺 淺 淺
艹 芦 芦 蒲 蒲 蒲 蒲 薄 薄

丿 川 川
自 皀 梟 梟 梟 臱 臱 邊 邊

一 二 于 天
氵 汇 汇 沂 沂 涯 涯 涯 涯

一 二 千
丿 二 千 禾 禾 利 利 秒 秋

鄙淺(비천)
천박하고 상스러움
稀薄(희박)
부족하거나 가능성이 적음

開川(개천)
시내보다 크고 강보다 작은 물줄기
海邊(해변)
바닷물과 땅이 서로 닿은 곳

天才(천재)
선천적으로 타고난 뛰어난 재주
生涯(생애)
한평생의 기간

千古(천고)
아주 오랜 세월 동안
晩秋(만추)
늦가을

_____월 _____일

徹	底	添	削	尖	塔	清	掃
통할 **철**	밑 **저**	더할 **첨**	깎을 **삭**	뾰족할 **첨**	탑 **탑**	맑을 **청**	쓸 **소**

철저
빈틈이나 부족함이 없음

첨삭
내용 일부를 보태거나 삭제해 고침

첨탑
뾰족한 탑

청소
쓸고 닦아서 깨끗하게 함

徹 底 添 削 尖 塔 清 掃

彳 彳 衤 徝 徝 徝 徹 徹 徹
丶 亠 广 庀 庀 庀 底 底

氵 氵 汗 沃 沃 添 添 添 添
丨 ⺌ 小 肖 肖 肖 肖 削 削

丨 小 小 尘 尖 尖
土 圹 圹 垬 垬 垯 垯 塔 塔

氵 氵 汁 汼 淸 淸 清 清 清
扌 扫 扫 扫 扫 掃 掃 掃 掃

透徹(투철)
사리에 밝고 정확함
基底(기저)
바닥이 되는 부분

添加(첨가)
덧붙이거나 보탬
削除(삭제)
깎아 없애거나 지워 버림

尖銳(첨예)
날카롭고 뾰족함
石塔(석탑)
돌로 쌓은 탑

清明(청명)
날씨가 맑고 밝음
掃蕩(소탕)
휩쓸어 죄다 없애 버림

靑 瓦
푸를 청 기와 와

청와
청기와

靑 瓦

靑年(청년)
성년 남자
蓋瓦(개와)
기와로 지붕을 임

聽 衆
들을 청 무리 중

청중
강연 등을 듣는 군중

聽 衆

視聽(시청)
눈으로 보고 귀로 들음
多衆(다중)
많은 사람

遞 信
갈릴 체 믿을 신

체신
우편 등의 통신

遞 信

遞減(체감)
등수를 따라서 차례로 덜어 감
信賴(신뢰)
굳게 믿고 의지함

體 育
몸 체 기를 육

체육
신체를 튼튼하게
단련시키는 일

體 育

體驗(체험)
자기가 몸소 겪음
育成(육성)
길러 자라게 함

월 일

逮	捕	草	隷	抄	錄	招	聘
잡을 체	잡을 포	풀 초	종 례	뽑을 초	기록할 록	부를 초	부를 빙

체포
쫓아가서 잡음

초례
초서와 예서

초록
필요한 부분만 뽑아서 적음

초빙
예를 갖추어 불러 맞아들임

逮 捕 草 隷 抄 錄 招 聘

ㅋ 肀 肀 聿 隶 逮 逮 逮 逮
扌 扌 扩 扩 捎 捎 捎 捕 捕

艹 艹 艹 芇 苩 苩 苜 荁 草
隶 隶 隶 隶 隷 隷 隷 隷 隷

一 扌 扌 扎 扎 抄 抄
金 金 釒 釒 鈩 鈩 錄 錄 錄

一 扌 扌 扫 扣 扣 招 招
耳 耳 耶 耶 耶 聃 聃 聘 聘

逮夜(체야)
밤이 됨
捕縛(포박)
잡아서 묶음

草綠(초록)
파랑과 노랑의 중간색
官隷(관례)
관가에 속해 있던 하인

抄本(초본)
원본에서 일부분만 발췌한 문서
登錄(등록)
문서를 올림

招來(초래)
어떤 현상을 생겨나게 함
聘母(빙모)
다른 사람의 장모

_____월 _____일

肖	像	秒	速	超	人	聰	明
닮을 초	모양 상	분초 초	빠를 속	뛰어넘을 초	사람 인	귀 밝을 총	밝을 명

초상
사진, 그림에 나타낸 얼굴

초속
1초 동안의 속도

초인
뛰어난 능력을 가진 사람

총명
귀와 눈이 밝음

肖 像 秒 速 超 人 聰 明

丨 小 㣺 ⺌ 肖 肖 肖
亻 亻 伫 俜 俜 倬 傪 像 像

一 二 千 禾 禾 利 利 秒 秒
一 ⼁ 市 申 束 束 涑 涑 速

土 丰 丰 走 起 起 起 超 超
丿 人

耳 耳 聊 聊 聊 聊 聰 聰 聰
丨 冂 日 日 明 明 明 明

酷肖(혹초)
몹시 닮아서 거의 같음
偶像(우상)
숭배의 대상이 되는 것

分秒(분초)
분과 초. 매우 짧은 시간
速度(속도)
빠른 정도

超越(초월)
한계나 표준을 뛰어넘음
人生(인생)
세상을 살아가는 일

聰氣(총기)
총명한 기운
說明(설명)
내용을 밝혀 말함

_____월 _____일

總 稱

總 다 총 / 稱 일컬을 칭

총칭
전부를 총괄해 일컬음

總括(총괄)
한데 모아서 묶음
名稱(명칭)
사람이나 사물의 이름

催 淚

催 재촉할 최 / 淚 눈물 루

최루
눈물을 흘리게 함

開催(개최)
모임을 주최해서 엶
淚腺(누선)
눈물샘

最 適

最 가장 최 / 適 맞을 적

최적
가장 알맞음

最後(최후)
맨 마지막
適用(적용)
맞추어 씀

醜 男

醜 추할 추 / 男 사내 남

추남
못생긴 남자

醜聞(추문)
좋지 못한 소문
男便(남편)
아내의 배우자

_______ 월 _______ 일

抽象

抽 뽑을 추 / 象 코끼리 상

추상

특성이나 속성을 파악하는 작용

抽 象

抽敍(추렴) 여럿이 돈을 내어 거둠

現象(현상) 나타나 보이는 사물의 형상

追憶

追 쫓을 추 / 憶 생각할 억

추억

지난 일을 돌이켜 생각함

追 憶

追窮(추궁) 엄하게 따져서 밝힘

記憶(기억) 지난 일을 잊지 않고 생각해 냄

推薦

推 밀 추 / 薦 천거할 천

추천

책임지고 소개함

推 薦

類推(유추) 미루어 추측하는 일

公薦(공천) 당원을 공식 추천하는 일

祝杯

祝 빌 축 / 杯 잔 배

축배

축하하는 뜻으로 마시는 술

祝 杯

祝賀(축하) 기쁘고 즐겁다는 뜻으로 인사함

苦杯(고배) 쓴잔. 쓰라린 경험

_______월 _______일

畜	産	春	夢	出	市	充	足
짐승 축	낳을 산	봄 춘	꿈 몽	날 출	저자 시	채울 충	발 족

축산
가축을 길러 생산하는 일

춘몽
덧없는 인생

출시
상품이 시중에 나옴

충족
모자람이 없음

畜 産 春 夢 出 市 充 足

획순:
畜: 亠 ㄊ 玄 玄 产 斉 斋 畜 畜
産: 亠 立 产 产 产 产 産 産 産
春: 一 二 三 夫 夫 表 春 春 春
夢: 艹 苎 苎 苎 苎 茜 蓸 夢 夢
出: 丨 屮 屮 出 出
市: 丶 亠 亣 市 市
充: 丶 亠 亠 云 充 充
足: 丨 口 口 早 早 足 足

家畜(가축)
집에서 기르는 짐승
産業(산업)
생산을 하는 사업

春秋(춘추)
봄과 가을
夢想(몽상)
꿈속의 생각

出發(출발)
목적지를 향해 나아감
市民(시민)
시에 사는 사람

充分(충분)
모자람이 없이 넉넉함
滿足(만족)
마음에 흡족함

_____ 월 _____ 일

蟲	齒
벌레 충	이 치

충치
이가 침식되는 질환

蟲 齒

昆蟲(곤충)
곤충강에 속한 동물
拔齒(발치)
이를 뽑음

忠	孝
충성 충	효도 효

충효
충성과 효도

忠 孝

忠告(충고)
잘못을 진심으로 타이름
孝子(효자)
부모를 잘 섬기는 아들

就	航
나아갈 취	배 항

취항
배나 비행기가
항로에 오름

就 航

就業(취업)
직업을 잡아 직장에 나감
航海(항해)
배를 타고 바다 위를 다님

趣	向
뜻 취	향할 향

취향
마음이 쏠리는 방향

趣 向

趣味(취미)
즐기기 위해 하는 일
傾向(경향)
현상이 어떤 방향으로 기울어짐

______월 ______일

測 量
헤아릴 측 헤아릴 량

측량
기기를 써서 물건의 높이, 깊이 등을 잼

測 量

豫測(예측)
미리 헤아려 짐작함
雅量(아량)
너그럽고 속이 깊은 마음씨

側 板
곁 측 널빤지 판

측판
옆면을 이루는 널빤지

側 板

側近(측근)
곁의 가까운 곳
看板(간판)
내걸거나 붙이는 표지

治 安
다스릴 치 편안 안

치안
사회의 안녕과 질서를 유지하고 보전함

治 安

統治(통치)
나라나 지역을 도맡아 다스림
安定(안정)
일정한 상태를 유지함

親 睦
친할 친 화목할 목

친목
서로 친해 화목함

親 睦

親切(친절)
정겹고 고분고분함
和睦(화목)
서로 뜻이 맞고 정다움

_____월 _____일

七夕

七 일곱 칠 / 夕 저녁 석

칠석
음력으로
칠월 초이렛날의 밤

七 夕

一 七
ノ ク 夕

七寶(칠보)
칠보공예
秋夕(추석)
우리나라 명절의 하나

漆黑

漆 옻 칠 / 黑 검을 흑

칠흑
옻칠처럼
검고 광택이 있음

漆 黑

氵 汁 汰 汰 涞 涞 漆 漆 漆
冂 冈 罒 罒 里 里 黑 黑 黑

漆器(칠기)
옻칠을 한 나무 그릇
暗黑(암흑)
어둡고 캄캄함

寢臺

寢 잘 침 / 臺 대 대

침대
서양식 침상

寢 臺

宀 疒 疒 疒 疒 疒 疒 寢 寢
亠 吉 吉 声 声 喜 臺 臺 臺

就寢(취침)
잠자리에 듦
舞臺(무대)
객석 정면에 만들어 놓은 단

侵犯

侵 침노할 침 / 犯 범할 범

침범
남의 영토나 권리 등을
침노해서 범함

侵 犯

丿 亻 仁 亻 亻 侵 侵 侵 侵
丿 犭 犭 犯 犯

侵擄(침노)
남의 나라를 불법으로 쳐들어감
虞犯(우범)
범죄를 저지를 우려가 있음

______월 ______일

浸透 (침투)

浸 잠길 **침** / 透 사무칠 **투**

침투
속으로 스며 젖어듦

浸 透

氵 氵 氵 氵 氵 氵 浔 浔 浸
千 禾 禾 秀 秀 秀 诱 透 透

浸蝕(침식)
자연 현상이 지표를 깎는 일
透徹(투철)
사리에 밝고 정확함

快哉 (쾌재)

快 쾌할 **쾌** / 哉 비롯할 **재**

쾌재
만족스럽게 여김

快 哉

丶 丷 忄 忄 忄 快 快
一 十 土 吉 吉 吉 哉 哉 哉

快癒(쾌유)
병이나 상처가 깨끗이 나음
哀哉(애재)
슬프도다

快晴 (쾌청)

快 쾌할 **쾌** / 晴 갤 **청**

쾌청
상쾌하도록
날씨가 맑음

快 晴

丶 丷 忄 忄 忄 快 快
日 日 日 日 日 晴 晴 晴 晴

爽快(상쾌)
느낌이 시원하고 산뜻함
晴天(청천)
맑게 갠 하늘

打倒 (타도)

打 칠 **타** / 倒 넘어질 **도**

타도
쳐서 거꾸러뜨림

打 倒

一 十 扌 扌 打
亻 亻 亻 亻 亻 侄 侄 倒 倒

毆打(구타)
함부로 치고 때림
倒置(도치)
위치가 서로 뒤바뀜

_______ 월 _______ 일

墮落
墮 떨어질 타 · 落 떨어질 락

타락
잘못된 길로 빠지는 일

墮 落

阝 阝⁻ 阝⁼ 陏 隋 隋 隓 墮 墮
艹 艹 艹 艹 汏 汏 洛 落 落

失墮(실타)
일을 잘못해 뜻대로 되지 않음
落葉(낙엽)
떨어진 나뭇잎

妥協
妥 온당할 타 · 協 화합할 협

타협
서로 양보해서 협의함

妥 協

一 ⺈ ⺈ ⺥ 妥 妥 妥
一 十 忄 协 协 协 協 協

妥結(타결)
서로 양보해서 일을 마무름
協商(협상)
여럿이 서로 의논함

托卵
托 맡길 탁 · 卵 알 란

탁란
다른 새의 둥지에 산란해서 위탁하는 습성

托 卵

一 十 扌 扌 扌 托
一 ⺁ ⺁ 卯 卯 卵 卵

托鉢(탁발)
도를 닦는 승려가 동냥하는 일
明卵(명란)
명태의 알

卓越
卓 높을 탁 · 越 넘을 월

탁월
두드러지게 뛰어남

卓 越

丨 卜 ⺊ 占 占 卣 卣 卓
土 丰 卡 走 走 赴 越 越 越

食卓(식탁)
식사 때 쓰는 탁자
優越(우월)
다른 것보다 나음

_____월 _____일

濁	酒	誕	生	脫	稿	探	訪
흐릴 탁	술 주	낳을 탄	날 생	벗을 탈	볏짚 고	찾을 탐	찾을 방

탁주
막걸리

탄생
사람이 태어남

탈고
원고 쓰기를 마침

탐방
사람이나 장소를 찾아감

濁 酒 誕 生 脫 稿 探 訪

氵 氵 氵 氵 氵 氵 氵 濁 濁
丶 氵 氵 氵 氵 氵 酒 酒 酒

言 言 言 言 言 言 誕 誕 誕
丿 ㄧ 仁 牛 生

月 月 月 月 月 月 月 月 脫
禾 禾 禾 禾 禾 稿 稿 稿 稿

扌 扌 扌 扌 扌 扌 扌 探 探
言 言 言 言 言 言 言 訪 訪

鈍濁(둔탁)
소리가 굵고 거침
麥酒(맥주)
알코올성 음료의 하나

聖誕(성탄)
성탄절
生活(생활)
활동하며 살아감

解脫(해탈)
얽매임에서 벗어남
遺稿(유고)
죽은 사람이 남긴 원고

探究(탐구)
파고들어 깊이 연구함
訪問(방문)
찾아가서 만나거나 봄

貪	汚
탐낼 탐	더러울 오

탐오
욕심이 많고 하는 짓이 더러움

貪 汚

亼 今 今 숚 舍 貪 貪 貪 貪
丶 氵 氵 汀 汘 汚

食貪(식탐)
음식을 탐냄
汚辱(오욕)
명예를 더럽히고 욕되게 함

湯	井
끓일 탕	우물 정

탕정
더운물이 솟는 우물

湯 井

氵 沪 沪 浔 浔 湯 湯 湯 湯
一 二 キ 井

湯藥(탕약)
달여서 마시는 한약
市井(시정)
인가가 모인 곳

泰	斗
클 태	말 두

태두
태산과 북두칠성

泰 斗

一 三 丰 夫 泰 泰 泰 泰 泰
丶 丶 斗 斗

泰山(태산)
높고 큰 산
斗頓(두둔)
편들어 감싸 줌

怠	慢
게으를 태	거만할 만

태만
게으름

怠 慢

厶 厶 台 台 台 怠 怠 怠 怠
忄 忄 忄 悍 悍 愠 慢 慢 慢

倦怠(권태)
게으름이나 싫증
自慢(자만)
스스로 자랑하며 뽐냄

_______월 _______일

太陽
太 큰 태 / 陽 볕 양

태양
태양계의 중심이 되는 항성

太 陽

一 ナ 大 太
阝 阝 阝ᄆ 阝ᄆ 阝ᄆ 阝ᄆ 陽 陽 陽

太初(태초)
하늘과 땅이 생겨난 맨 처음
夕陽(석양)
저녁때의 햇빛

吐露
吐 토할 토 / 露 이슬 로

토로
속마음을 드러내어서 말함

吐 露

丨 ㄇ 口 叶 叶 吐
雨 雨 雨 雨 雨 雨 雨 露 露

實吐(실토)
사실대로 다 말함
綻露(탄로)
숨긴 일을 드러냄

土偶
土 흙 토 / 偶 짝 우

토우
흙으로 만든 사람이나 동물 상

土 偶

一 十 土
亻 亻 亻 亻 亻 偶 偶 偶 偶

土地(토지)
생활과 활동에 이용하는 땅
偶發(우발)
우연히 일어남

痛症
痛 아플 통 / 症 증세 증

통증
아픈 증세

痛 症

广 疒 疒 疒 疒 痛 痛 痛 痛
亠 广 疒 疒 疒 疔 疔 症 症

痛快(통쾌)
아주 즐겁고 시원해서 유쾌함
症勢(증세)
병을 앓을 때 나타나는 여러 상태

_____월 _____일

退	屯
물러날 퇴	진 칠 둔

퇴둔
물러나서 진을 침

ㅋ ㅋ 𠃌 艮 艮 退 退 退 退
一 匚 口 屯

隱退(은퇴)
직임에서 물러남
駐屯(주둔)
군대가 한 지역에 머무르는 일

投	獄
던질 투	옥 옥

투옥
옥에 가둠

一 𠂇 扌 扌 扚 投 投
犭 犭 犭 狺 狺 狺 獄 獄 獄

投機(투기)
기회를 틈타 큰 이익을 보려고 함
監獄(감옥)
교도소

鬪	志
싸울 투	뜻 지

투지
싸우고자 하는 의지

𠂆 門 門 鬥 鬥 鬦 鬦 鬪 鬪
一 十 士 志 志 志 志

鬪爭(투쟁)
이기거나 극복하기 위한 싸움
志操(지조)
꿋꿋한 의지

特	殊
특별할 특	다를 수

특수
특별히 다름

𠂉 牛 牛 牛 牜 特 特 特 特
一 歹 歹 歹 歹 殀 殊 殊 殊

特性(특성)
특수한 성질
殊常(수상)
이상해서 의심스러움

______월 ______일

派遣
派 갈래 파 / 遣 보낼 견

파견
임무를 주어 사람을 보냄

派 遣

丶 氵 氵 汀 汀 浐 浐 沠 派
中 虫 虫 冑 冑 貴 貴 遣 遣

派閥(파벌)
이해관계에 따라 갈라진 집단
差遣(차견)
사람을 시켜서 보냄

罷免
罷 마칠 파 / 免 면할 면

파면
직무를 그만두게 함

罷 免

罒 罒 罗 罗 罗 罢 罷 罷 罷
丿 ㇇ 㐅 各 各 缶 免 免

罷業(파업)
하던 일을 중지함
免除(면제)
책임이나 의무를 면해 줌

把守
把 잡을 파 / 守 지킬 수

파수
경계해 지킴

把 守

一 十 扌 扌 扣 扣 把
丶 丷 宀 宀 守 守

把握(파악)
확실하게 이해해서 앎
遵守(준수)
그대로 좇아서 지킴

播遷
播 뿌릴 파 / 遷 옮길 천

파천
임금이 도성을 떠나 피란함

播 遷

扌 扌 扌 扌 扌 播 播 播 播
覀 覀 覀 覀 覀 䙴 遷 遷 遷

傳播(전파)
전해서 널리 퍼뜨림
遷都(천도)
도읍을 옮김

월 일

販	促
팔 판	재촉할 촉

판촉
판매가 늘도록 유도하는 일

販 促

冂 冃 目 貝 貝 貝一 貶 販 販
ノ イ 亻 仴 仴 伻 伻 俔 促

販賣(판매) 상품을 팖
督促(독촉) 빨리하도록 재촉함

版	畫
판목 판	그림 화

판화
판을 이용해서 찍어내는 그림

版 畫

丿 丿' 片 片 片一 片厂 版 版
一 ヨ 聿 聿 書 書 書 畫 畫

出版(출판) 서적, 회화 등을 인쇄해 내놓음
畫家(화가) 그림 그리기가 직업인 사람

八	旬
여덟 팔	열흘 순

팔순
여든 살

八 旬

ノ 八
ノ 勹 勹 旬 旬 旬

八道(팔도) 우리나라 전체
九旬(구순) 아흔 살

片	肉
조각 편	고기 육

편육
얇게 저민 수육

片 肉

丿' 片 片
丨 冂 内 内 肉 肉

片道(편도) 가고 오는 길 중 어느 한쪽
肉食(육식) 음식으로 고기를 먹음

월 일

便	宜
편할 편	마땅 의

편의
형편이나 조건이 편하고 좋음

便 宜

丿 亻 亻 仃 佰 佰 佰 便 便
丶 丷 宀 宀 宁 宜 宜 宜

便利(편리) 편하고 이로우며 이용하기 쉬움
宜當(의당) 마땅히. 으레

偏	頗
치우칠 편	자못 파

편파
치우쳐 공평하지 못함

偏 頗

亻 仁 仨 伊 伊 佣 偏 偏 偏
丿 皮 皮 皮 頗 頗 頗 頗 頗

偏見(편견) 한쪽으로 치우친 생각
頗多(파다) 아주 많음

平	壤
평평할 평	흙덩이 양

평양
평안남도에 있는 도시

平 壤

一 二 六 亖 平
土 圹 垆 垆 埌 壤 壤 壤 壤

平凡(평범) 뛰어난 점 없이 보통임
土壤(토양) 흙

閉	幕
닫을 폐	장막 막

폐막
연극 등이 끝남

閉 幕

冂 冃 冃 門 門 門 門 閉 閉
艹 芇 苜 莒 莫 莫 莫 幕 幕

閉鎖(폐쇄) 막아 버림
序幕(서막) 연극에서 처음 여는 막

_____ 월 _____ 일

浦 물가 포	口 입 구

포구
작은 항구

浦 口

氵 氵 汀 汀 洧 洧 洧 浦 浦
丨 冂 口

內浦(내포) 바다나 호수가 휘어 들어간 부분
緘口(함구) 말하지 않음

包 쌀 포	圍 에워쌀 위

포위
주위를 에워쌈

包 圍

丿 勹 勺 匀 包
冂 门 鬥 鬥 鬥 圍 圍 圍 圍

包含(포함) 함께 들어 있음
範圍(범위) 한정된 영역

捕 잡을 포	捉 잡을 착

포착
기회나 정세를 알아차림

捕 捉

扌 扌 扩 扩 拞 拞 捐 捕 捕
扌 扌 扌 护 护 押 捍 捍 捉

捕獲(포획) 짐승이나 물고기를 잡음
捉送(착송) 사람을 붙잡아서 보냄

飽 배부를 포	和 화할 화

포화
더 수용할 수 없이 가득 참

飽 和

今 飠 飠 飠 飠 飠 飽 飽 飽
一 二 千 禾 禾 和 和 和

飽食(포식) 배부르게 먹음
和睦(화목) 서로 뜻이 맞고 정다움

월 일

爆 터질 폭	笑 웃음 소	暴 사나울 폭	雨 비 우	漂 떠다닐 표	白 흰 백	表 겉 표	紙 종이 지

폭소
갑자기 세차게 터져 나온 웃음

폭우
갑자기 세차게 쏟아지는 비

표백
빨아서 희게 함

표지
책의 겉장

爆 笑 暴 雨 漂 白 表 紙

爆發(폭발)
갑작스럽게 터짐
冷笑(냉소)
쌀쌀한 태도로 비웃음

暴力(폭력)
난폭하게 쓰는 힘
豪雨(호우)
줄기차게 내리는 많은 비

漂流(표류)
물에 떠서 흘러감
黑白(흑백)
검은색과 흰색

表示(표시)
겉으로 드러내 보임
白紙(백지)
비어 있는 종이

월 일

風 바람 풍	霜 서리 상
풍상 바람과 서리	

豐 풍년 풍	盛 성할 성
풍성 넉넉하고 많음	

疲 피곤할 피	勞 일할 로
피로 과로로 지쳐 힘듦	

避 피할 피	暑 더울 서
피서 더위를 피하는 일	

風景(풍경)
경치
霜花(상화)
꽃같이 고운 서릿발

豐年(풍년)
평년보다 수확이 많은 해
隆盛(융성)
기운차게 일어남

疲弊(피폐)
지치고 쇠약해짐
勞苦(노고)
힘들여 수고하고 애씀

逃避(도피)
도망해 몸을 피함
酷暑(혹서)
몹시 심한 더위

彼此

彼 저 피 / 此 이 차

피차
저것과 이것

彼 此

彼岸(피안)
강의 건너편 기슭
此日(차일)
바로 앞에서 이야기한 날

被害

被 입을 피 / 害 해할 해

피해
손해를 입음

被 害

被拉(피랍)
납치를 당함
利害(이해)
이익과 손해

畢竟

畢 마칠 필 / 竟 마침내 경

필경
끝장에 가서는

畢 竟

未畢(미필)
아직 다 끝내지 못함
竟夜(경야)
밤을 새움

筆墨

筆 붓 필 / 墨 먹 묵

필묵
붓과 먹

筆 墨

筆記(필기)
글씨를 씀
墨香(묵향)
향기로운 먹 냄새

_____ 월 _____ 일

必	須
반드시 필	모름지기 수

필수
꼭 필요로 함

必 須

丿 乄 必 必
彡 犭 犭 犭 须 须 須 須 須

必勝(필승)
반드시 이김
須臾(수라)
논병아릿과의 철새

匹	敵
짝 필	대적할 적

필적
엇비슷해서
서로 맞섬

匹 敵

一 丆 兀 匹
亠 产 产 产 啇 啇 啇 敵 敵

馬匹(마필)
말과의 포유류
敵手(적수)
재주나 힘이 비슷한 상대

賀	客
하례할 하	손 객

하객
축하하는 손님

賀 客

加 加 加 賀 賀 賀 賀 賀 賀
丶 宀 宀 宀 宊 客 客 客 客

致賀(치하)
남이 한 일에 고마움을 표시함
顧客(고객)
물건을 사러 오는 손님

夏	菊
여름 하	국화 국

하국
국화과의
여러해살이풀

夏 菊

一 丆 丙 丙 百 百 頁 夏 夏
艹 艹 芍 芍 芍 芍 菊 菊 菊

夏服(하복)
여름철에 입는 옷
水菊(수국)
범의귀과 수국속의 식물

_____월 _____일

下 아래 하	旬 열흘 순

하순
한 달의 21일부터 말일까지

一 丅 下
丿 勹 勺 旬 旬 旬

貶下(폄하) 가치를 깎아내림
中旬(중순) 한 달의 11일부터 20일까지

荷 멜 하	役 부릴 역

하역
짐을 싣고 내리는 일

一 十 艹 艹 芢 芢 荷 荷 荷
丿 彳 彳 彳 役 役 役

荷重(하중) 물체의 무게
服役(복역) 징역을 삶

學 배울 학	究 연구할 구

학구
학문을 깊이 연구함

學 學 學 學 學 學 學 學 學
丶 宀 宀 宂 穴 究 究

放學(방학) 일정 기간 수업을 쉬는 일
研究(연구) 깊이 조사해서 밝힘

鶴 학 학	舞 춤출 무

학무
궁중 무용의 하나

鶴 鶴 鶴 鶴 鶴 鶴 鶴 鶴
丿 舞 舞 舞 舞 舞 舞 舞 舞

鶴翼(학익) 학의 날개
歌舞(가무) 노래와 춤

월 일

漢	詩
한수 한	시 시

한시
한문으로 지은 시

漢 詩

氵 㳇 㵄 㵄 漢 漢
言 言 計 詩 詩

漢陽(한양)
서울의 옛 이름
詩句(시구)
시의 구절

韓	屋
한국 한	집 옥

한옥
우리나라 고유의
형식으로 지은 집

韓 屋

𠦝 𠦝 韓 韓 韓 韓
尸 尸 屋 屋 屋

韓紙(한지)
우리나라 고유의 방식으로 만든 종이
家屋(가옥)
사람이 사는 집

旱	災
가물 한	재앙 재

한재
가뭄으로 인한 재앙

旱 災

日 旦 旱
巛 災

旱害(한해)
가뭄으로 인한 피해
災難(재난)
뜻밖에 일어난 재앙과 고난

汗	蒸
땀 한	찔 증

한증
땀을 내어서
병을 다스리는 일

汗 蒸

氵 汗
艹 蒸 蒸

汗漫(한만)
내버려 두고 등한함
蒸發(증발)
액체에서 기체 상태로 변함

___월 ___일

寒 波	含 蓄	咸 興	巷 間
寒 찰 한 / 波 물결 파	含 머금을 함 / 蓄 모을 축	咸 다 함 / 興 일 흥	巷 거리 항 / 間 사이 간
한파 겨울철에 기온이 갑자기 내려가는 현상	**함축** 속에 간직함	**함흥** 함경남도에 있는 시	**항간** 사람들 사이
寒 波	含 蓄	咸 興	巷 間
宀 宀 宀 宀 宀 宀 寒 寒 寒 丶 冫 氵 氵 汇 沪 涉 波	丿 人 亼 今 今 含 含 艹 艹 荎 荎 萕 蓄 蓄 蓄 蓄	丿 厂 厂 厂 后 后 咸 咸 咸 丨 朋 朋 朋 朋 朋 興 興 興	一 十 卄 廾 共 共 巷 巷 巷 𠃌 門 門 門 門 門 間 間 間
酷寒(혹한) 몹시 심한 추위 **波濤(파도)** 바다에 이는 물결	**含有(함유)** 어떤 성분을 포함하고 있음 **備蓄(비축)** 미리 장만해 모아 둠	**咸氏(함씨)** 상대편의 조카를 높여 이르는 말 **興味(흥미)** 흥을 느끼는 재미	**陋巷(누항)** 좁고 더러운 거리 **空間(공간)** 아무것도 없는 빈 곳

_____월 _____일

抗 拒
겨룰 항 · 막을 거

항거
맞서서 반항함

抗 拒

一 十 扌 扌 扩 扩 抗
一 十 扌 扌 扌 扩 扣 拒 拒

抵抗(저항)
거역하거나 버팀
拒否(거부)
받아들이지 않고 물리침

項 目
항목 항 · 눈 목

항목
법률 등의
낱낱의 조나 항

項 目

工 丁 工 项 项 項 項 項 項
丨 冂 月 目 目

事項(사항)
일의 항목이나 내용
目標(목표)
목적으로 삼는 것

恒 星
항상 항 · 별 성

항성
북극성 등의
붙박이별

恒 星

丶 丷 忄 忄 忄 恒 恒 恒 恒
丨 冂 日 日 尸 旦 旦 星 星

恒時(항시)
보통 때. 언제나
行星(행성)
중심 별의 주위를 도는 천체

奚 琴
어찌 해 · 거문고 금

해금
악기 중 하나

奚 琴

奚 (획순)
琴 (획순)

奚琴手(해금수)
해금을 켜는 사람
心琴(심금)
미묘하게 움직이는 마음

_______월 _______일

該	博	解	析	亥	時	海	底
갖출 해	넓을 박	풀 해	쪼갤 석	돼지 해	때 시	바다 해	밑 저

해박
모든 것을 널리 앎

해석
논리적으로 밝힘

해시
밤 9시부터 11시까지

해저
바다의 밑바닥

該	博	解	析	亥	時	海	底

該當(해당)
범위나 조건에 바로 들어맞음
博愛(박애)
모든 사람을 평등하게 사랑함

見解(견해)
자기의 의견이나 생각
分析(분석)
개별적인 요소나 성질로 나눔

癸亥(계해)
육십갑자의 예순째
時期(시기)
어떤 일이 진행되는 시점

海水(해수)
바닷물
底意(저의)
속에 품은 생각

_____월 _____일

幸 福

다행 행 / 복 복

행복
복된 좋은 운수

幸 福

一 十 土 夫 去 坴 幸 幸
礻 礻 祀 祀 祀 福 福 福 福

幸運(행운)
행복한 운수
福祉(복지)
행복한 삶

香 爐

향기 향 / 화로 로

향로
향을 피우는
자그마한 화로

香 爐

一 二 千 禾 禾 禾 香 香 香
火 炉 炉 炉 爐 爐 爐 爐 爐

香氣(향기)
꽃, 향수 등에서 나는 좋은 냄새
暖爐(난로)
난방 장치의 하나

享 有

누릴 향 / 있을 유

향유
누리어 가짐

享 有

丶 亠 亡 亨 亨 亨 享 享
丿 ナ 冇 冇 有 有

享樂(향락)
쾌락을 누림
有益(유익)
이롭거나 이익이 있음

許 諾

허락할 허 / 허락할 낙

허락
청하는 일을 들어줌

許 諾

言 言 言 言 言 訁 訐 訐 許
言 訁 訁 訁 諾 諾 諾 諾 諾

免許(면허)
자격을 행정 기관이 허가함
受諾(수락)
요구를 받아들임

_____월 _____일

虛 빌 허	僞 거짓 위
허위 진실인 것처럼 꾸민 것	
虛	僞

虛妄(허망) 어이없고 허무함
僞善(위선) 겉으로만 착한 체함

革 가죽 혁	新 새 신
혁신 완전히 바꾸어서 새롭게 함	
革	新

變革(변혁) 급격하게 바꾸어 아주 달라짐
新聞(신문) 정기 간행물의 하나

玄 검을 현	關 관계할 관
현관 출입문에 붙이어 달아낸 문간	
玄	關

玄米(현미) 벼의 겉껍질만 벗겨 낸 쌀
關鍵(관건) 문제 해결의 가장 중요한 부분

賢 어질 현	明 밝을 명
현명 사리에 밝음	
賢	明

賢者(현자) 성인에 다음가는 어진 사람
照明(조명) 광선으로 밝게 비춤

懸 垂

懸 달 현 / 垂 드리울 수

현수

아래로 꼿꼿하게 달려 드리워짐

懸 垂

懸案(현안)
남아 있는 문제나 의안
垂簾(수렴)
수렴청정

絃 樂

絃 줄 현 / 樂 노래 악

현악

현악기로 연주하는 음악

絃 樂

三絃(삼현)
거문고, 가야금, 향비파
樂器(악기)
음악 연주에 쓰는 기구

顯 著

顯 나타날 현 / 著 나타날 저

현저

뚜렷이 드러나 있음

顯 著

顯忠(현충)
충렬을 높이 드러냄
著名(저명)
이름이 널리 드러나 있음

血 肉

血 피 혈 / 肉 고기 육

혈육

피와 살

血 肉

獻血(헌혈)
환자를 위해 피를 뽑아 줌
肉脯(육포)
쇠고기를 얇게 저미어 말린 포

脅	迫	協	奏	螢	光	刑	罰
위협할 협	핍박할 박	화합할 협	아뢸 주	반딧불이 형	빛 광	형벌 형	벌할 벌

협박
겁을 주며 다그침

협주
독주 악기와 관현악의 협연

형광
발광의 한 종류

형벌
범죄자에게 주는 벌

脅 迫 協 奏 螢 光 刑 罰

威脅(위협)
힘으로 으르고 협박함
促迫(촉박)
기한이 바싹 닥쳐와 있음

協力(협력)
힘을 합해 서로 도움
演奏(연주)
악기로 곡을 표현하는 일

螢火(형화)
반딧불이의 꽁무니에서 나오는 빛
榮光(영광)
빛나고 아름다운 영예

刑事(형사)
사복 경찰관
賞罰(상벌)
상과 벌

_____월 _____일

形 모양 형	式 법 식
형식 겉으로 드러나는 격식	
形	式

一 二 于 开 开 形 形
一 二 亍 工 式 式

形便(형편)
일이 되어 가는 상태
圖式(도식)
일정한 양식으로 나타낸 그림

兄 형 형	弟 아우 제
형제 형과 아우	
兄	弟

丨 口 口 尸 兄
丶 丷 当 当 弟 弟 弟

兄夫(형부)
언니의 남편
妻弟(처제)
아내의 여동생

亨 형통할 형	通 통할 통
형통 모든 일이 잘되어 감	
亨	通

丶 亠 亡 古 古 亨 亨
フ 乃 月 月 甬 甬 涌 涌 通

亨國(형국)
임금이 즉위해 나라를 이어받음
通過(통과)
합격하거나 승인됨

胡 되 호	角 뿔 각
호각 만주인들이 부는 뿔로 된 피리	
胡	角

一 十 十 古 古 古 胡 胡 胡
ノ 力 广 角 角 角 角

胡蝶(호접)
나비목의 곤충 무리
視角(시각)
관찰하고 파악하는 자세

_____월 _____일

湖 호수 호	水 물 수	呼 부를 호	耶 어조사 야	浩 넓을 호	然 그럴 연	好 좋을 호	材 재목 재
호수 큰 못		**호야** '여어차'라는 고전 용어		**호연** 넓고 큰 모양		**호재** 좋은 재료	
湖	水	呼	耶	浩	然	好	材

湖畔(호반)
호수의 언저리
香水(향수)
액체 화장품의 하나

呼訴(호소)
억울한 사정을 간곡히 알림
伽耶(가야)
나라 이름

浩蕩(호탕)
내달리는 듯한 힘이 있음
偶然(우연)
뜻하지 않게 일어난 일

選好(선호)
여럿 중 특별히 가려서 좋아함
敎材(교재)
가르치고 배우는 데 필요한 재료

_____월 _____일

互 層
서로 호 / 층 층

호층
여러 지층이 교대로 나타나는 상태

一 工 丐 互
尸 屆 屆 屆 屆 層 層 層 層

相互(상호) 서로서로
層階(층계) 오르내릴 수 있는 계단

豪 快
호걸 호 / 쾌할 쾌

호쾌
호탕하고 쾌활함

亠 亠 亠 亭 亭 亭 豪 豪 豪
丶 丷 忄 忄 忄 快 快

豪華(호화) 사치스럽고 화려함
愉快(유쾌) 즐겁고 상쾌함

虎 皮
범 호 / 가죽 피

호피
호랑이의 털가죽

丨 ト 广 卢 卢 虍 虎 虎
丿 厂 广 皮 皮

猛虎(맹호) 사나운 범
皮膚(피부) 몸을 싸고 있는 조직

或 也
혹 혹 / 어조사 야

혹야
만일에

一 𠄌 𠃊 𠃊 豆 或 或 或
𠃌 乜 也

或者(혹자) 어떤 사람
初也(초야) 맨 처음

_____월 _____일

昏	睡
어두울 혼	졸음 수

혼수
정신없이 잠이 듦

昏 睡

一 匚 𠂉 氏 氏 昏 昏 昏
目 ⺝ 𥃭 𥃭 𥃭 𥄉 睡 睡 睡

昏迷(혼미)
의식이 흐림
睡蓮(수련)
수련과의 여러해살이 수초

混	合
섞을 혼	합할 합

혼합
뒤섞어서 한데 합함

混 合

氵 氵 沪 沪 沪 泹 泹 混 混
丿 人 亼 亽 合 合

混濁(혼탁)
깨끗하지 못하고 흐림
統合(통합)
하나로 합침

弘	報
클 홍	갚을 보

홍보
널리 알림

弘 報

㇕ ㇕ 弓 弘 弘
土 ± 圭 幸 幸 郣 郣 報 報

弘益(홍익)
널리 이롭게 함
報告(보고)
내용을 말이나 글로 알림

洪	水
넓을 홍	물 수

홍수
갑자기 크게 불은 물

洪 水

丶 丶 氵 氵 汁 泄 泄 洪 洪
亅 才 水 水

洪範(홍범)
모범이 되는 큰 규범
淡水(담수)
염분이 없는 물

_____월 _____일

鴻 雁

기러기 홍 · 기러기 안

홍안
큰 기러기와 작은 기러기

鴻 雁

氵 氵工 氵工' 氵工 鴻 鴻 鴻 鴻 鴻
厂 厂 厂 厂 厂 厂 雁 雁 雁

鴻功(홍공)
크나큰 공로
奠雁(전안)
혼례 때 기러기를 상 위에 놓고 절함

紅 疫

붉을 홍 · 전염병 역

홍역
급성 전염병

紅 疫

𠃋 幺 幺 糸 糸 糸 糸 紅 紅
丶 亠 广 广 疒 疒 疒 疫 疫

紅蔘(홍삼)
수삼을 쪄서 말린 붉은 인삼
免疫(면역)
외부 병균에 저항력을 가지는 일

禾 穀

벼 화 · 곡식 곡

화곡
벼에 딸린 곡식을 통틀어 일컬음

禾 穀

一 二 千 禾 禾
士 声 壳 壳 壳 壳 壳 穀 穀

麥禾(맥화)
보리와 벼
穀食(곡식)
식량이 되는 곡류

禍 根

재앙 화 · 뿌리 근

화근
재앙의 근원

禍 根

礻 礻 礻 礻 礻 禍 禍 禍 禍
十 木 木 木 木 木 根 根 根

禍福(화복)
재앙과 복
根幹(근간)
바탕이나 중심이 되는 부분

_____월 _____일

化	粧
될 화	단장할 장

화장
얼굴을 곱게 꾸밈

化 粧

丿 亻 亻' 化
丬 米 米 米' 米' 粁 粧 粧 粧

變化(변화)
모양이나 성질이 바뀌어 달라짐
治粧(치장)
잘 매만져 곱게 꾸밈

和	暢
화할 화	화창할 창

화창
날씨가 온화하고 맑음

和 暢

一 二 千 千 禾 禾 和 和
日 申 申 申 申 申 暢 暢 暢

平和(평화)
평온하고 화목함
流暢(유창)
물 흐르듯이 거침이 없음

華	燭
빛날 화	촛불 촉

화촉
혼인식에 쓰는 등화

華 燭

艹 艹 芏 芏 苹 茌 華 華 華
火 炉 炉 炉 焗 焗 燭 燭 燭

華奢(화사)
화려하게 고움
洞燭(통촉)
깊이 헤아려 살핌

貨	幣
재물 화	화폐 폐

화폐
돈

貨 幣

亻 化 化 貨 貨 貨 貨 貨 貨
冂 冂 币 敝 敝 敝 幣 幣 幣

貨物(화물)
운반할 수 있는 물품
紙幣(지폐)
종이 화폐

_______월 _______일

確	認
굳을 확	알 인

확인
확실히 인정함

確 認

石 矿 矿 砗 砗 碓 碓 確 確
言 言 訂 訒 訒 訒 認 認 認

確診(확진)
확실하게 진단을 함
認定(인정)
확실히 그렇다고 여김

擴	張
넓힐 확	베풀 장

확장
늘려서 넓힘

擴 張

扌 扩 扩 搪 搪 搪 擴 擴 擴
弓 弖 弜 弡 弡 弡 張 張 張

擴散(확산)
흩어져 널리 퍼짐
主張(주장)
자기의 의견을 굳게 내세움

換	算
바꿀 환	셈 산

환산
다른 단위로
고쳐서 헤아림

換 算

扌 扩 扩 拚 拚 拚 换 换 換
⺮ 竹 筲 筲 筲 筲 笪 算 算

換氣(환기)
맑은 공기로 바꿈
豫算(예산)
필요한 비용을 미리 계산함

丸	藥
둥글 환	약 약

환약
약재를 작고
둥글게 빚은 약

丸 藥

丿 九 丸
艹 艹 甘 莖 莖 藥 藥 藥 藥

彈丸(탄환)
총알. 탄알
製藥(제약)
약재를 섞어서 약을 만듦

월 일

歡	迎
기쁠 환	맞을 영

환영
반갑게 맞음

歡 迎

歡待(환대)
반갑게 맞아 정성껏 대접함
迎入(영입)
환영하여 받아들임

患	者
근심 환	놈 자

환자
병을 앓는 사람

患 者

憂患(우환)
걱정이나 근심
著者(저자)
책을 지은 사람

黃	狗
누를 황	개 구

황구
털빛이 누런 개

黃 狗

黃昏(황혼)
해가 지고 어스름해질 때
獵狗(엽구)
사냥개

荒	涼
거칠 황	서늘할 량

황량
황폐해서
거칠고 쓸쓸함

荒 涼

虛荒(허황)
헛되고 미덥지 못함
凄涼(처량)
초라하고 가엾음

_____ 월 _____ 일

皇帝

皇 임금 황 / 帝 임금 제

황제
임금

皇 帝

張皇(장황)
매우 길고 번거로움
帝國(제국)
황제가 다스리는 나라

回顧

回 돌아올 회 / 顧 돌아볼 고

회고
돌이켜 생각함

回 顧

回避(회피)
몸을 숨기고 만나지 않음
不顧(불고)
돌아보지 않음

懷抱

懷 품을 회 / 抱 안을 포

회포
마음속에 품은 생각

懷 抱

懷柔(회유)
잘 달래어 말을 듣도록 함
抱負(포부)
마음속에 지닌 계획이나 희망

悔恨

悔 뉘우칠 회 / 恨 한 한

회한
뉘우치고 한탄함

悔 恨

後悔(후회)
잘못을 깨치고 뉘우침
餘恨(여한)
풀지 못하고 남은 원한

_______ 월 _______ 일

獲	得
얻을 획	얻을 득

획득
손에 넣음

獲 得

濫獲(노획)
싸워서 적의 물품을 빼앗음
攄得(터득)
이치를 깨달아 알아냄

曉	頭
새벽 효	머리 두

효두
이른 새벽

曉 頭

曉星(효성)
새벽에 보이는 별. 금성
念頭(염두)
마음의 속

候	補
기후 후	기울 보

후보
어떤 자리에 오를
자격을 가진 사람

候 補

徵候(징후)
어떤 일이 일어날 조짐
補償(보상)
남에게 끼친 손해를 갚음

厚	謝
두터울 후	사례할 사

후사
후하게 사례함

厚 謝

濃厚(농후)
어떤 경향이 뚜렷함
謝過(사과)
잘못을 인정하고 용서를 빎

_____ 월 _____ 일

訓 鍊
가르칠 훈 / 불릴 련

훈련
되풀이해서 익힘

訓 鍊

教訓(교훈)
지침이 될 만한 가르침
試鍊(시련)
겪기 어려운 단련이나 고비

毁 損
헐 훼 / 덜 손

훼손
체면이나 명예를 손상함

毁 損

貶毁(폄훼)
남을 깎아내려 헐뜯음
損失(손실)
손해를 봄

揮 毫
휘두를 휘 / 터럭 호

휘호
글씨를 쓰거나
그림을 그리는 것

揮 毫

指揮(지휘)
단체를 통솔함
秋毫(추호)
매우 적음

携 帶
이끌 휴 / 띠 대

휴대
손에 들거나
몸에 지니고 다님

携 帶

提携(제휴)
서로 붙들어 도와줌
紐帶(유대)
서로 결합하게 하는 것

_____월 _____일

休 息	胸 部	吸 收	興 奮
休 쉴 휴 / 息 쉴 식	胸 가슴 흉 / 部 떼 부	吸 마실 흡 / 收 거둘 수	興 일 흥 / 奮 떨칠 분
휴식 하던 일을 멈추고 잠깐 쉼	**흉부** 가슴	**흡수** 빨아서 거두어들임	**흥분** 감정이 북받쳐 일어남
休 息	胸 部	吸 收	興 奮
丿 亻 仁 什 休 休 自 自 自 自 自 息 息 息	月 月 月 肑 肑 肑 胸 胸 胸 亠 立 立 产 音 音 咅 部 部	口 口 口 叨 叨 吸 吸 丩 丩 屮 收 收	興 (stroke order) 奮 (stroke order)
休暇(휴가) 일정한 기간 쉬는 일 **安息(안식)** 편히 쉼	**胸像(흉상)** 가슴까지만 표현한 그림이나 조각 **部分(부분)** 전체를 이루는 작은 범위	**呼吸(호흡)** 숨을 쉼 **收斂(수렴)** 의견 등을 하나로 모아 정리함	**復興(부흥)** 쇠퇴했던 것이 다시 일어남 **奮鬪(분투)** 힘을 다해 싸우거나 노력함

_____월 _____일

戲弄

戲 놀이 **희** / 弄 희롱할 **롱**

희롱
실없이 놀림

演戲(연희)
사람들 앞에서 재주를 부림
弄談(농담)
장난으로 하는 말

希望

希 바랄 **희** / 望 바랄 **망**

희망
이루거나
하기를 바람

希求(희구)
바라고 구함
所望(소망)
어떤 일을 바람

稀釋

稀 드물 **희** / 釋 풀 **석**

희석
농도를 묽게 함

稀貴(희귀)
드물어서 매우 귀함
釋放(석방)
구속했던 사람을 풀어 줌

喜悅

喜 기쁠 **희** / 悅 기쁠 **열**

희열
기쁨과 즐거움

歡喜(환희)
매우 기뻐함
怡悅(이열)
즐겁고 기쁨

자주 쓰이는 사자성어

비슷한 사자성어 유 와 반대되는 사자성어 반 를 함께 표기했습니다.

각주구검(刻舟求劍) : 배에 새긴 다음 칼을 찾으려고 한다. 미련하고 융통성이 없어 현실에 맞지 않는 생각을 고집하는 어리석음을 이르는 말이다. 유 수주대토(守株待兎)

감언이설(甘言利說) : 달콤한 말과 이로운 말. 상대방의 귀가 솔깃하게 현혹시키기 위해 달콤한 말과 이로운 조건으로 꾀는 말을 뜻한다. 유 교언영색(巧言令色)

개과천선(改過遷善) : 지나간 허물을 고치고 착하게 된다. 과거의 잘못을 뉘우치고 착하게 되었다는 뜻이다.

거두절미(去頭截尾) : 머리와 꼬리는 잘라 버린다. 앞뒤의 군더더기는 빼고 요점만 간단히 말하는 것을 이른다.

건곤일척(乾坤一擲) : 하늘과 땅을 걸고 주사위를 던져 승패를 건다. 자신의 운명을 걸고 한 판 승부를 거는 것을 말한다.

격물치지(格物致知) : 사물을 연구하여 앎에 이른다. 사물의 이치를 깊이 연구하여 지식을 완전하게 하는 것을 뜻한다.

견강부회(牽强附會) : 억지로 끌어다 붙인다. 이치에 맞지 않는 전혀 다른 이론을 억지로 끌어다 붙여 자기주장을 내세우는 것을 말한다. 유 아전인수(我田引水)

견물생심(見物生心) : 물건을 보면 가지고 싶은 욕심이 생긴다. 평소에는 가질 생각을 하지 않았다가도 실제로 물건을 보게 되면 그것을 가지고 싶은 욕심이 생긴다는 뜻이다.

결자해지(結者解之) : 묶은 사람이 이를 푼다. 매듭을 묶은 사람이 스스로 그것을 풀어야 한다는 말로, 문제를 일으킨 사람이 책임지고 일을 해결해야 함을 뜻한다.

결초보은(結草報恩) : 풀을 묶어 은혜를 갚는다. 다른 사람에게 은혜를 입은 사람이 죽은 뒤에라도 은혜를 잊지 않고 갚는다는 뜻이다. 유 각골난망(刻骨難忘), 백골난망(白骨難忘)

경거망동(輕擧妄動) : 가벼운 거동과 망령된 행동. 일의 앞뒤를 깊이 생각하지 않고 경솔하게 행동하는 것을 일컫는다. 유 안하무인(眼下無人), 안중무인(眼中無人), 오만불손(傲慢不遜)

고군분투(孤軍奮鬪) : 외로운 군대가 떨쳐 싸운다. 숫자가 적은 군사 또는 홀로 남의 도움을 받지 않고 힘겨운 싸움을 해 나가는 모습을 가리킨다.

고육지책(苦肉之策) : 자기 몸을 괴롭게 하는 계책. 자신의 몸을 상해 가면서까지 꾸며 내는 계책을 뜻하며, 어려운 상황을 벗어나기 위해 어쩔 수 없이 하는 수단을 말한다.

고진감래(苦盡甘來) : 쓴 것이 다하면 단것이 온다. 고생 끝에 낙이 온다는 말로, 어렵고 힘든 일이 지나고 나면 즐겁고 좋은 일이 찾아온다는 뜻이다. 반 흥진비래(興盡悲來)

곡학아세(曲學阿世) : 그릇된 학문으로 세상에 아부한다. 학문을 올바르게 이용하지 않고, 권력이나 세력에 타협하거나 아부하여 출세하려는 태도를 가리킨다.

공명정대(公明正大) : 공정하고 현명하며 바르고 떳떳한 태도나 자세. 하는 일을 바르고 정당하게 처리한다는 뜻이다.

과유불급(過猶不及) : 지나친 것은 미치지 못함과 같다. 너무 지나치거나 모자라지 않게 중용을 지키라는 말이다.

관포지교(管鮑之交) : 관중과 포숙의 사귐. 관중과 포숙처럼 서로 이해하며 믿고 우정이 돈독한 친구 관계를 일컫는다. 유 죽마고우(竹馬故友), 막역지우(莫逆之友), 수어지교(水魚之交)

괄목상대(刮目相對) : 눈을 비비고 다시 보며 상대를 대한다. 상대방의 학식이나 재주가 눈에 띄게 놀랄 만큼 나아졌음을 이르는 말이다. 유 일취월장(日就月將)

구사일생(九死一生) : 아홉 번 죽을 뻔하다 한 번 살아난다. 여러 차례 죽을 고비를 간신히 넘기고 겨우 살아난 것을 말한다. 유 기사회생(起死回生)

구우일모(九牛一毛) : 아홉 마리 소 가운데서 뽑은 터럭 하나. 매우 많은 것 중에 극히 적은 것을 말하며, 아주 하찮은 것을 가리킨다. 유 조족지혈(鳥足之血)

군계일학(群鷄一鶴) : 닭의 무리에 끼어 있는 한 마리의 학. 많은 사람 중에서 뛰어난 한 사람을 가리킬 때 쓰는 말이다.

금상첨화(錦上添花) : 비단 위에 꽃을 더한다. 좋은 것에 좋은 것이 더해지는 것을 이르는 말이다. 반 설상가상(雪上加霜)

금의환향(錦衣還鄕) : 비단옷을 입고 고향에 돌아온다. 비단옷은 출세의 상징이었다. 즉, 성공을 거둔 후에 사람들의 환영을 받으며 고향에 돌아오는 모습을 뜻한다. 반 금의야행(錦衣夜行)

난공불락(難攻不落) : 공격하기 어려워 쉽게 함락되지 않는다. 어떤 일을 하는 데 노력해도 이루기가 어렵다는 뜻이다.

난형난제(難兄難弟) : 형이라 하기도 어렵고 아우라 하기도 어렵다. 학문이나 재능이 비슷해서 어느 쪽이 낫고 못함을 판단하기 어렵다는 뜻이다. 유 막상막하(莫上莫下), 용호상박(龍虎相搏)

내유외강(內柔外剛) : 속은 부드러운데 겉으로는 강해 보인다. 겉으로는 굳세고 강해 보이지만 실제 속마음은 부드러운 심성을 가진 사람을 이르는 말이다. 반 외유내강(外柔內剛)

누란지위(累卵之危) : 층층이 쌓아 놓은 알의 위태로움. 몹시 위태롭고 아슬아슬한 위기를 뜻한다. 유 풍전등화(風前燈火)

다다익선(多多益善) : 많으면 많을수록 더욱 좋다는 뜻이다.

대기만성(大器晩成) : 큰 그릇은 늦게 이루어진다. 크게 될 사람은 오랫동안 많은 노력과 시간이 필요하다는 뜻이다.

대동소이(大同小異) : 큰 것은 같고 작은 것은 다르다. 크게 보면 전체적으로 비슷하지만 사소한 차이가 있다는 뜻이다. 별로 다른 것이 없음을 나타내는 말이다.

도원결의(桃園結義) : 복숭아나무 밭에서 맺은 의로운 약속. 하나의 목적을 위해 행동을 같이하기로 한 약속을 뜻한다.

동고동락(同苦同樂) : 괴로움과 즐거움을 함께한다. 고생도 같이하고 즐거움도 함께한다는 말로, 어떤 상황에서도 같은 운명으로 함께함을 가리킨다.

동병상련(同病相憐) : 같은 병을 앓는 사람끼리 서로 불쌍히 여긴다. 어려운 처지에 있는 사람끼리 서로 이해하며 가엾게 여기고 돕는 것을 뜻한다. 유 유유상종(類類相從), 초록동색(草綠同色)

동상이몽(同床異夢) : 같은 잠자리에서 서로 다른 꿈을 꾼다. 겉으로는 같이 행동하고 똑같은 생각을 하는 것처럼 보이지만, 속으로는 각각 다른 생각을 하고 다른 행동은 하는 것을 뜻한다.

등화가친(燈火可親) : 등불을 가까이 할 수 있다. 선선한 가을 저녁이면 등불을 켜고 책을 읽기에 좋다는 말이다.

마이동풍(馬耳東風) : 말의 귀에 동풍. 남의 말을 귀담아듣지 않고 흘려버리는 것을 가리킨다. 유 우이독경(牛耳讀經)

맹모삼천(孟母三遷) : 맹자의 어머니가 아들의 교육을 위해 세 번 이사를 했다. 자식을 올바르게 키우기 위해서는 주위 환경이 교육에 중요하다는 것을 강조하는 말이다.

명불허전(名不虛傳) : 이름이 헛되이 전해지지 않는다. 명성이 널리 알려진 데는 그럴 만한 실력이나 이유가 있다는 뜻이다.

무위자연(無爲自然) : 사람이 전혀 손대지 않은 있는 그대로의 자연. 사람의 인위적인 손길이 가해지지 않은 자연을 말하며, 자연 그대로의 삶, 자연에 순응하는 태도를 뜻하기도 한다.

문전성시(門前成市) : 문 앞에 시장이 선 것 같다. 권력과 세력 있는 사람의 집 앞에는 찾아오는 사람이 많아서 장이 선 것 같다는 말이다. 반 문전작라(門前雀羅)

반면교사(反面教師) : 반대의 가르침을 주는 스승. 다른 사람의 잘못을 보고 깨달음이나 가르침을 얻는다는 뜻이다.

반포지효(反哺之孝) : 어미에게 되먹이는 까마귀의 효성. 자식이 커서 어버이의 은혜에 보답하는 효성을 가리킨다.

발본색원(拔本塞源) : 뿌리를 뽑고 근원을 막는다. 바른 일 처리를 위해 폐단의 근원을 완전히 없애 버리는 것을 뜻한다.

백년대계(百年大計) : 백 년 후까지의 큰 계획. 앞으로의 먼 장래까지 미리 내다보면서 세우는 중요한 계획을 가리킨다. 유 백년지계(百年之計), 만년지계(萬年之計)

백년해로(百年偕老) : 백 년 동안 함께 늙는다. 부부의 인연을 맺어 평생을 사이좋게 지내고 즐겁게 함께 늙어 가는 것을 이르는 말이다. 유 백년동락(百年同樂), 백년해락(百年偕樂)

백면서생(白面書生) : 글만 읽어 얼굴이 하얀 선비. 글만 읽어서 세상일에는 어둡고 경험이 없는 사람을 뜻한다.

복지부동(伏地不動) : 땅에 엎드려 움직이지 않는다. 할 일이나 업무를 하지 않고 바닥에 엎드린 듯이 몸을 사리는 태도를 가리킨다. 유 진퇴유곡(進退維谷)

부창부수(夫唱婦隨) : 남편이 노래를 부르니 아내가 따라 한다. 남편의 주장에 아내가 따르며 부부가 화합하는 것이 부부 사이의 도리라는 뜻이다. 유 여필종부(女必從夫)

부화뇌동(附和雷同) : 우렛소리에 맞춰 함께한다. 자신의 생각이나 뚜렷한 주관 없이 남의 의견에 따라 움직이는 것을 말한다. 유 추우강남(追友江南), 부화수행(附和隨行)

분골쇄신(粉骨碎身) : 뼈가 가루가 되고 몸이 부서진다. 온몸이 부서지도록 어떤 일에 정성으로 노력하는 것을 뜻한다.

불철주야(不撤晝夜) : 낮에도 밤에도 멈추지 않는다. 어떤 일에 하는 데 몰두하여 밤낮을 가리지 않고 쉼 없이 노력하는 것을 이르는 말이다. 유 주야장천(晝夜長川)

붕우유신(朋友有信) : 벗과 벗 사이의 도리는 믿음에 있다. 벗과 벗이 사귀는 데는 서로 믿음이 있어야 한다는 뜻이다.

사면초가(四面楚歌) : 사방에서 들려오는 초나라의 노래. 적에게 둘러싸여 있거나, 아무에게도 도움을 받지 못하는 외롭고 곤란한 상태를 가리킨다. 유 진퇴유곡(進退維谷)

사상누각(沙上樓閣) : 모래 위에 세운 누각. 모래 위에 지은 집처럼 기초가 약하여 오래 견디지 못할 일이나 실현하지 못할 일을 두고 하는 말이다. 유 공중누각(空中樓閣)

사필귀정(事必歸正) : 일은 반드시 바른 곳으로 돌아간다. 처음에는 그릇되어 보이는 일도 결국에는 바른 모습과 옳은 이치대로 돌아간다는 뜻이다.

살신성인(殺身成仁) : 자신의 몸을 희생해서 옳은 일을 이룬다. 다른 사람을 위해 자신을 희생하는 것을 뜻한다.

삼고초려(三顧草廬) : 초가집을 세 번 찾아간다. 훌륭한 인재를 얻기 위해서 참을성 있게 정성을 다한다는 말이다.

상전벽해(桑田碧海) : 뽕나무 밭이 푸른 바다로 변한다. 밭이 바다로 변했을 정도로 세상이 몰라볼 만큼 많이 바뀐 것을 비유하는 말이다. 유 격세지감(隔世之感)

새옹지마(塞翁之馬) : 변방에 사는 노인의 말. 인생의 길흉화복은 예측하기가 어렵다는 뜻이다. 유 전화위복(轉禍爲福)

소탐대실(小貪大失) : 작은 이익을 탐하다가 큰 것을 잃게 된다. 작은 이익에 욕심을 내다가 오히려 큰 손해를 보게 되는 어리석음을 일컫는 말이다. 유 교각살우(矯角殺牛)

수수방관(袖手傍觀) : 손을 소매에 넣고 곁에서 바라본다. 관여하거나 거들지 않고 그대로 내버려 두는 것을 뜻한다.

순망치한(脣亡齒寒) : 입술이 없으면 이가 시리다. 서로 돕던 것 중 하나가 없어지면 나머지도 영향을 받아 온전하기 어렵게 되는 밀접한 관계를 뜻하는 말이다.

승승장구(乘勝長驅) : 승리의 기세를 타고 말을 몰고 나아간다. 어떤 일이 잘 풀리게 되면 기세가 등등해져서 연이어 거침없이 잘 해결해 나가는 것을 가리킨다.

십시일반(十匙一飯) : 열 숟가락이면 밥 한 그릇. 열 사람이 밥을 한 숟가락씩 덜어서 모으면 밥 한 그릇을 쉽게 만들 수 있듯이, 여럿이 힘을 모으면 한 사람은 쉽게 도울 수 있다는 뜻이다.

안하무인(眼下無人) : 눈 아래에 사람이 없다. 다른 사람을 존중하지 않고 방자하고 몹시 교만하여 상대를 업신여기는 것을 말한다. 유 안중무인(眼中無人), 후안무치(厚顔無恥)

암중모색(暗中摸索) : 어둠 속에서 손으로 더듬어 찾는다. 어림으로 무엇을 알아내거나, 은밀하게 해결책을 찾아내려고 하는 것을 이르는 말이다.

어부지리(漁父之利) : 어부의 이익. 두 사람이 서로 자신의 이익을 위해 다투는 사이에 엉뚱한 제3자가 이익을 챙긴다는 뜻이다. 유 견토지쟁(犬兎之爭), 전부지공(田夫之功)

어불성설(語不成說) : 말이 이치에 맞지 않는다. 하는 말이 전혀 사리와 이치에 맞지 않아서 말이 되지 않음을 가리킨다.

언중유골(言中有骨) : 말 속에 뼈가 있다. 부드럽고 예사로운 말 같지만 그 속에 단단한 속뜻이 들어 있음을 뜻한다.

역지사지(易地思之) : 처지를 바꾸어 생각한다. 다른 사람의 처지나 입장을 바꾸어 생각해 보고 이해하는 것을 뜻한다.

오리무중(五里霧中) : 오 리나 되는 안개 속에 있다. 짙은 안개 속에서는 길을 찾기 힘든 것처럼 어떤 일에 방향이나 갈피를 잡을 수 없을 때 쓰는 말이다.

오비이락(烏飛梨落) : 까마귀 날자 배 떨어진다. 우연히 동시에 일어난 일 때문에 궁지에 몰리거나 사람들로부터 억울하게 의심을 받아 난처하게 되는 것을 뜻한다.

오합지졸(烏合之卒) : 까마귀를 모아 놓은 듯한 군사. 까마귀 떼처럼 모여들어서 규율도 없고 무질서한 무리를 비유하는 말이다. 유 오합지중(烏合之衆)

와신상담(臥薪嘗膽) : 땔감 위에 누워 잠자고 쓸개를 맛본다. 원수를 갚거나 계획한 목적을 이루기 위해 온갖 어려움과 괴로움을 참고 견디는 것을 뜻한다.

용두사미(龍頭蛇尾) : 머리는 용이고 꼬리는 뱀이다. 시작은 거창하고 좋았지만 뒤로 갈수록 나빠지고 흐지부지한 상황을 가리키는 말이다. 반 시종일관(始終一貫)

우공이산(愚公移山) : 우공이 산을 옮긴다. 거대한 산을 옮긴 우공 노인의 유래가 있는 사자성어로, 무슨 일이든 끊임없이 노력하면 반드시 이루어진다는 뜻이다. 유 적토성산(積土成山)

우후죽순(雨後竹筍) : 비가 온 뒤에 솟아나는 죽순. 어떤 일이 동시에 많이 일어나는 것을 뜻한다.

유구무언(有口無言) : 입은 있으나 할 말이 없다. 변명의 여지가 없음을 가리키는 말이다. 즉, 잘못이 분명하게 드러나 달리 변명할 말이 없거나 해명할 길이 없다는 뜻이다.

유비무환(有備無患) : 준비하면 근심이 없다. 어떤 일이든 사전에 철저하게 준비하고 대비책을 세우면 후에 걱정할 것이 없다는 말이다. ㊌ 안거위사(安居危思)

이심전심(以心傳心) : 마음에서 마음으로 전한다. 말이나 글로 전하지 않고도 마음과 마음으로 서로 뜻이 통하는 것을 가리킨다. ㊌ 불립문자(不立文字), 염화미소(拈華微笑), 염화시중(拈華示衆)

일거양득(一擧兩得) : 한 번 들어서 두 가지를 얻는다. 한 가지 일을 해서 두 가지 이익을 한꺼번에 얻는다는 뜻이다. ㊌ 일석이조(一石二鳥), 일거이득(一擧二得)

일이관지(一以貫之) : 하나로써 꿰뚫는다. 모든 것을 하나의 원리로 꿰뚫어 이야기하거나, 하나의 방법이나 태도로써 처음부터 끝까지 한결같음을 나타내는 말이다. ㊌ 초지일관

일장춘몽(一場春夢) : 한바탕 꾼 봄꿈. 인생의 헛된 부귀영화나 덧없는 일을 가리킨다. ㊌ 남가일몽(南柯一夢)

일편단심(一片丹心) : 한 조각의 붉은 마음. 붉은 마음은 참된 마음이나 변치 않는 마음을 뜻한다. 즉, 진심에서 우러나오는 변치 않는 한결같은 마음을 이르는 말이다.

임전무퇴(臨戰無退) : 싸움에 임하며 물러나지 않는다. 전쟁에서 물러서지 않고 끝까지 싸우는 군사의 자세를 가리킨다.

자가당착(自家撞着) : 스스로 부딪치기도 하고 붙기도 한다. 한 사람의 말이나 행동이 앞뒤가 맞지 않고 모순된 상황을 표현한 말이다. ㊌ 이율배반(二律背反)

자승자박(自繩自縛) : 자신이 만든 줄로 스스로를 묶는다. 자신이 한 말과 행동으로 인해 스스로 구속되어 괴로움을 당하게 된다는 뜻이다. ㊌ 자업자득(自業自得)

자중지란(自中之亂) : 같은 편 안에서 일어나는 싸움. 문제의 원인이 내부에 있는 싸움이나 내란을 뜻한다. 같은 편이 단합하지 못하고 그 안에서 혼란이나 분열을 겪는 상황을 가리킨다.

작심삼일(作心三日) : 마음을 먹은 지 삼 일을 넘기지 못한다. 결심한 계획이 삼 일을 넘기지 못하고 흐지부지되거나 포기하는 모습을 나타낸다.

장삼이사(張三李四) : 장씨의 셋째 아들과 이씨의 넷째 아들. 이름이나 신분이 특별하지 않은 평범한 보통 사람들을 가리키는 말이다. ㊌ 갑남을녀(甲男乙女), 선남선녀(善男善女)

장유유서(長幼有序) : 어른과 어린아이 사이에는 지켜야 할 차례와 순서가 있다는 뜻이다.

적반하장(賊反荷杖) : 도둑이 도리어 매를 든다. 도둑이 매를 들고 주인에게 대든다는 말로, 잘못한 사람이 도리어 아무 잘못도 없는 사람을 나무란다는 뜻이다.

전무후무(前無後無) : 이전에도 없었고 앞으로도 없다. 이제까지 없었고 앞으로도 보기 힘든 놀랍고 뛰어난 것을 가리킬 때 쓰는 말이다. ㊌ 전대미문(前代未聞), 전인미답(前人未踏)

전전긍긍(戰戰兢兢) : 겁을 먹고 몹시 두려워서 벌벌 떨며 삼가고 조심한다. 어떤 위기감에 절박해진 마음을 비유하는 말이다. ㊌ 노심초사(勞心焦思)

절차탁마(切磋琢磨) : 톱으로 자르고 줄로 쓸고 끌로 쪼며 숫돌에 간다. 학문을 힘써 배우고 덕행을 수양하는 것을 일컫는 말이다. ㊌ 수불석권(手不釋卷)

점입가경(漸入佳境) : 점점 아름다운 경치로 들어간다. 어떤 일이 갈수록 점점 재미있게 전개되거나 좋은 상황이 되어가는 것을 뜻한다.

조삼모사(朝三暮四) : 아침에 세 개, 저녁에 네 개. 눈앞에 보이는 당장의 차이만 알고 그 결과가 같음은 모르는 어리석음을 비유하며, 간사한 술수로 남을 속이는 것을 뜻한다.

주객전도(主客顚倒) : 주인과 손님이 뒤바뀌었다. 사물의 중요한 것과 중요하지 않은 것, 앞뒤의 차례가 서로 뒤바뀐 모습을 가리킨다. 유 객반위주(客反爲主), 본말전도(本末顚倒)

주경야독(晝耕夜讀) : 낮에는 밭을 갈고 밤에는 글을 읽는다. 바쁜 일과와 어려운 환경 속에서도 꿋꿋이 공부하는 모습을 이르는 말이다. 유 위편삼절(韋編三絕)

주마간산(走馬看山) : 달리는 말 위에서 산을 본다. 말을 타고 달리면서 산천을 바라보면 그 모습을 제대로 보기 어렵듯이, 자세히 살피지 않고 대충대충 훑어보고 지나가는 것을 뜻한다.

지란지교(芝蘭之交) : 지초와 난초의 사귐. 지초와 난초는 둘 다 향기로운 풀이다. 친구끼리 좋은 영향을 주고받는 아름다운 사귐을 이르는 말로 쓰인다.

진퇴양난(進退兩難) : 나아갈 수도 없고 물러서기도 어렵다. 이러지도 저러지도 못하는 어렵고 난처한 처지를 가리킨다. 유 진퇴유곡(進退維谷), 저양촉번(羝羊觸藩)

천재일우(千載一遇) : 천 년이 지나야 한 번 만날 수 있다. 천 년에 한 번 만날 수 있을 정도로 좀처럼 만나기 어려운 좋은 기회를 이르는 말이다. 유 천세일시(千歲一時)

청천벽력(靑天霹靂) : 맑은 하늘에 갑자기 떨어진 벼락. 뜻밖에 일어난 큰 사건이나 사고를 일컫는 말이다.

촌철살인(寸鐵殺人) : 한 마디의 쇠붙이로 사람을 죽인다. 핵심을 찌르는 말로 상대방을 감동하게 하거나 남의 약점을 찌를 수 있음을 뜻한다. 유 정문일침(頂門一鍼)

칠전팔기(七顚八起) : 일곱 번 넘어져도 여덟 번 일어난다. 여러 번 실패해도 굴하지 않고 다시 일어선다는 뜻이다. 유 권토중래(捲土重來), 백절불굴(百折不屈)

침소봉대(針小棒大) : 바늘만 한 작은 것을 몽둥이처럼 크다고 말한다. 별것도 아닌 작은 일을 크게 과장하여 이야기하며 허풍 떠는 모습을 가리킨다.

타산지석(他山之石) : 다른 산의 돌. 다른 산에서 나는 나쁜 돌을 가져다 숫돌로 쓰면 옥을 가는 데 쓸 수 있다. 다른 사람의 잘못된 말이나 행동도 자신을 갈고닦는 데 도움이 됨을 뜻한다.

토사구팽(兎死狗烹) : 토끼를 잡으면 사냥하던 개는 삶아 먹는다. 필요할 때는 실컷 부리다가 필요가 없어지면 야박하고 가혹하게 버린다는 뜻이다. 유 감탄고토(甘呑苦吐)

파죽지세(破竹之勢) : 대나무를 깨뜨리는 기세. 대나무는 한 번 힘주어 쪼개면 결을 따라 단숨에 쪼개진다. 여기에 비유하여 거침없이 물리치고 쳐들어가는 맹렬한 기세를 가리킨다.

형설지공(螢雪之功) : 반딧불과 눈으로 이룬 공. 반딧불을 이용하거나 새하얀 눈에 달빛을 반사시켜 글을 읽는다. 이처럼 어려움 속에서도 포기하지 않고 꾸준하게 공부하는 자세를 말한다.

호가호위(狐假虎威) : 여우가 호랑이의 위세를 빌린다. 다른 사람의 권세를 빌려 위세를 부리는 것을 뜻하는 말이다.

호구지책(糊口之策) : 입에 풀칠할 계책. 가난한 살림에서 겨우 먹고살아 갈 수 있는 방법을 뜻한다.

호사다마(好事多魔) : 좋은 일에는 탈이 많다. 좋은 일에는 방해가 되는 일이 많이 생기고, 좋은 일이 이루어지기 위해서는 많은 어려움을 겪어야 한다는 뜻이다.

화룡점정(畫龍點睛) : 용의 눈동자를 그린다. 용을 그린 다음 마지막으로 눈동자를 그린다는 말로, 어떤 일을 하는 데에 가장 중요한 부분을 끝내고 완성하는 것을 뜻한다.

환골탈태(換骨奪胎) : 뼈를 바꾸고 태를 벗는다. 용모나 차림새가 몰라볼 정도로 아름답게 변해서 딴사람처럼 되었을 때, 시나 문장이 완전히 새로워졌을 때를 이르는 말이다.

1800자 한눈에 찾아보기

교육용 기초 한자 1800자 중에서 **중학 한자 900자는 붉은색**으로 표시했으며,
검은색 글자는 고등 한자 900자입니다.

ㄱ

價 값 가 7, 76
街 거리 가 6
假 거짓 가 6
歌 노래 가 7
加 더할 가 6
架 시렁 가 105
佳 아름다울 가 7
可 옳을 가 6
家 집 가 7
暇 틈 가 133
各 각각 각 8
覺 깨달을 각 8, 10, 201
脚 다리 각 33
却 물리칠 각 69
角 뿔 각 8, 54, 239
刻 새길 각 124, 194
閣 집 각 8
肝 간 간 9
姦 간음할 간 11
懇 간절할 간 9
簡 대쪽 간 9
干 방패 간 9, 50
看 볼 간 10
間 사이 간 45, 76, 232
刊 새길 간 202
幹 줄기 간 172
渴 목마를 갈 184
敢 감히 감 45
鑑 거울 감 10, 40
感 느낄 감 10
甘 달 감 11
減 덜 감 6, 11
監 볼 감 10
甲 갑옷 갑 11
江 강 강 43
鋼 강철 강 12
強 강할 강 11
剛 굳셀 강 12
降 내릴 강/항복할 항 12
綱 벼리 강 46
講 외울 강 12
康 편안 강 15
改 고칠 개 13
介 낄 개 13
個 낱 개 13
皆 다 개 13
概 대개 개 177
蓋 덮을 개 87
慨 슬퍼할 개 14
開 열 개 14
客 손 객 229
去 갈 거 105
據 근거 거 42
擧 들 거 107
距 떨어질 거 14
拒 막을 거 233
居 살 거 15
巨 클 거 14
健 굳셀 건 15
件 물건 건 97
建 세울 건 15
乾 하늘 건 15
傑 뛰어날 걸 192
乞 빌 걸 34
檢 검사할 검 16
儉 검소할 검 42
劍 칼 검 16
格 격식 격 108
激 격할 격 16
隔 사이 뜰 격 16
擊 칠 격 17
犬 개 견 128
堅 굳을 견 17
遣 보낼 견 222
見 볼 견/뵐 현 17
絹 비단 견 17
肩 어깨 견 18
牽 이끌 견 18
決 결단할 결 18, 89
潔 깨끗할 결 180
結 맺을 결 19, 65
缺 이지러질 결 18
謙 겸손할 겸 19
兼 겸할 겸 19
輕 가벼울 경 21
鏡 거울 경 126
慶 경사 경 22
更 고칠 경/다시 갱 84
敬 공경 경 27
硬 굳을 경 20
傾 기울 경 20
警 깨우칠 경 19
驚 놀랄 경 21
競 다툴 경 20
竟 마침내 경 228
耕 밭 갈 경 55
卿 벼슬 경 21
庚 별 경 21
景 볕 경 81
京 서울 경 20
頃 이랑 경 67
境 지경 경 84
經 지날 경 22
徑 지름길 경 78
戒 경계할 계 200
桂 계수나무 계 24
季 계절 계 24
械 기계 계 46
鷄 닭 계 22
係 맬 계 30

ㄴ

ㄷ

ㅇ

ㅈ

편저 **이미선**

대학 졸업 후 잡지사와 출판사에서 일하며 서울을 누렸으며,
지금은 제주에서 아이들과 함께 섬 곳곳을 누리며 기획편집자로 놀멍쉬멍 일하고 있습니다.
그동안 쓴 책으로는《국어가 쉬워지는 초등 어휘력 사전》,《국어가 쉬워지는 초등 맞춤법 사전》,
《하루 10분 맞춤법 따라쓰기》,《하루 10분 초등 한자 따라쓰기》,《하루 10분 초등 영단어 따라쓰기》,
《하루 10분 속담 따라쓰기》,《하루 10분 장원급제 한자》 시리즈 등이 있습니다.

교육용 기초 한자 1800字 쓰기노트

초판 1쇄 발행 2023년 6월 5일
초판 3쇄 발행 2024년 11월 20일

편저자 이미선
펴낸이 박수길
펴낸곳 (주)도서출판 미래지식
디자인 design ko

주소 경기도 고양시 덕양구 통일로 140 삼송테크노밸리 A동 3층 333호
전화 02)389-0152
팩스 02)389-0156
홈페이지 www.miraejisig.co.kr
전자우편 miraejisig@naver.com
등록번호 제 2018-000205호

ISBN 979-11-91349-76-4 13710